멋진 그림으로 책에 활기를 넣어 준 케빈 워드에게 고맙다고 말하고 싶어요.
무엇보다도 이 책에 소개된 모험가들에게 고마움을 전합니다.
제게 꿈을 갖게 해 주었고 멋진 삶을 선물해 주었어요.

이 책은 불굴의 의지로 도전한 모험가들의 이야기예요.
상상을 초월하는 탐험 정신과 여정이 담겨 있어, 멘토로 추천하고 싶어요.

Great Adventurers
First published in the UK in 2018 by Big Picture Press,
an imprint of Kings Road Publishing, part of Bonnier Books UK,
The Plaza, 535 King's Road, London, SW10 0SZ
www.bonnierbooks.co.uk

Text copyright © 2018 by Alastair Humphreys
Illustration copyright © 2018 by Kevin Ward
Design copyright © 2018 by Kings Road Publishing Limited

이 책은 저작권자와의 독점계약으로 애플트리태일즈에서 출간되었습니다.
저작권법에 의해 한국 내에서 보호를 받는 저작물이므로 무단전재와 복제를 금합니다.

위대한 모험가들

처음 펴낸날 2018년 12월 17일 | 2쇄 펴낸날 2020년 8월 17일 | 지은이 앨러스테어 험프리스 | 그린이 케빈 워드 | 옮긴이 박여진
펴낸이 김옥희 | 펴낸곳 애플트리태일즈 | 출판등록 (제16-3393호) | 주소 서울시 강남구 테헤란로 201(아주빌딩), 501호 (우)06141
전화 (02)557-2031 | 팩스 (02)557-2032 | 홈페이지 www.appletreetales.com
가격 17,000원 | ISBN 979-11-87743-58-3 (73980)
이 도서의 국립중앙도서관 출판시도서목록(CIP)은 서지정보유통지원시스템 홈페이지(http://seoji.nl.go.kr)와
국가자료공동목록시스템(http://www.nl.go.kr/kolisnet)에서 이용하실 수 있습니다. (CIP제어번호 : CIP2018028302)

어린이제품 안전특별법에 의한 기타 표시사항
품명 : 도서 | 제조 연월 : 2020년 8월 | 제조자명 : 애플트리태일즈 | 제조국 : 말레이시아 | 사용연령 : 8세 이상
주소 : 서울시 강남구 테헤란로 201, 5층(02-557-2031)

위대한 모험가들

앨러스테어 험프리스 글 | 케빈 워드 그림 | 박여진 옮김

appletree
tales

모험가들을 소개합니다

앨러스테어 험프리스 P8
2012년 내셔널 지오그래픽이 선정한 올해의 모험가로 이 책의 저자랍니다.

앱슬리 체리 개러드 P10
탐험대 과학자로 남극 대륙에 갔어요.

아멜리아 에어하트 P14
여성 최초로 대서양을 비행하여 건넜어요. 그런데 훗날 비행 중에 사라져 버렸어요.

베릴 마크햄 P14
비행의 선구자로 대서양을 동쪽에서 서쪽으로 홀로 비행하는 데 성공했어요.

로리 리 P18
어느 한여름 스페인을 걸어서 종단하기로 결심하고 여행을 떠났답니다.

릭 한센 P22
패럴림픽에 참가하고 휠체어로 세계를 일주했어요. 릭 이야기는 노래로 만들어졌어요.

더블라 머피 P28
인도까지 자전거로 가는 것을 20년 동안 꿈꿔 왔고, 드디어 그 꿈을 이루었답니다.

라눌프 파인스 P32
존경받는 탐험가로, 가장 긴 탐험은 3년이나 걸렸어요.

자크 피카르 P38
해저 탐험가로, 바닷속 가장 깊은 곳까지 가 보았답니다.

마이클 콜린스 P42
최초로 달 착륙에 성공한 사람 중 하나로, 역사적 아폴로 11호 탐사를 수행했어요.

로빈 데이비슨 P 46
2년간 훈련 후 낙타를 타고 6개월 동안 오스트레일리아 오지를 횡단했어요.

펠리체 베누치 P 50
전쟁 포로로 갇혀 있다가 포로수용소에서 탈출해 케냐산을 올랐어요.

세라 아우튼 P 56
한때는 홀로 노를 저어 바다를 건넌 제일 젊은 여성이었으며 전 세계를 여행했어요.

이븐 바투타 P 60
영웅적인 탐험가로, 마르코 폴로보다 더 많은 나라를 여행했어요.

락파 리타 셰르파 P 64
등반 안내자로 지구상에서 가장 높은 에베레스트산을 17번이나 올랐어요.

넬리 블라이 P 68
72일 만에 지구를 한 바퀴 도는 여행을 했답니다.

윌프레드 세시저 P 72
견디기 힘든 더위와 최악의 날씨에도 불구하고 엠티 쿼터 사막을 건넜어요.

오드리 서덜랜드 P 76
59세 때 노를 저어 알래스카 해안을 항해하기 시작했어요.

베네딕트 앨런 P 80
아마존에서 가장 광활한 지역을 홀로 횡단했어요.

새커거위아 P 84
16세 때 유명한 루이스 클라크 탐험대에 도움을 주며 아메리카 대륙을 건넜어요.

토르 헤위에르달 P 88
직접 만든 뗏목을 타고 태평양을 건너 폴리네시아에 도착했어요.

미래의 위대한 모험가 P 92
모험가를 꿈꾸고 있는 여러분 앞에 세계를 탐험할 기회가 펼쳐져 있답니다.

우리에겐 영웅이 필요해요

우리는 영웅들을 보며 자극을 받고 꿈을 이루기 위해 열심히 노력하게 되지요. 저의 영웅들은 멋진 모험가들이랍니다. 모험가들의 용감한 도전과 흥미진진한 모험담을 이제부터 살펴보아요.

저는 어렸을 때, 영웅들처럼 새로운 모험이 가득한 삶을 꿈꾸었어요. 그러던 어느 날 평범한 생활과 작별하고 자전거를 타고 미지의 세계로 떠나 보았지요. 마치 더블라 머피와 이브 바투타 같았어요. 4년 동안 자전거로 세상을 누비며 저의 영웅들처럼 온갖 모험을 했어요. 그것은 제 인생을 완전히 바꿔 버렸답니다.
여행 중에 소중한 사람들을 많이 만났어요. 만나지 않았더라면 좋았을 뻔한 사람은 단 한 명도 없었어요.
자전거를 타고 세상을 누비다 보니 훨씬 더 신나는 모험을 많이 할 수 있었답니다.

"좋아하는 일을 하며 살 수 있는 것은 마법 같은 축복입니다."

로리 리의 책에 큰 감명을 받아서 로리의 발자취를 따라가 보기도 했어요. 자전거 타이어에 펑크가 났을 때는 로리처럼 거리 공연으로 수리비를 벌어 스페인을 여행했답니다. 아라비아에서는 윌프레드 세시저가 도전했던 뜨겁고 적막한 엠티 쿼터 사막을 건넜어요. 토르 헤위에르달에게 배운 대로 작은 배를 타고 바다를 건너기도 했고, 마이클 콜린스처럼 우주비행사 시험도 봤지요. 첫 번째 지능검사에서 바로 떨어졌지만 시도해 봤다는 것만으로도 무척 뿌듯해요.
제 여행이 위대한 영웅들의 여행과 어깨를 견줄 수 있다는 말이 아니에요. 영웅들의 발자취를 따라가다 보니 그 모험이 공감되고 저 역시 특별해졌다는 느낌이 들었어요. 라눌프 파인스와 베네딕트 앨런 덕분에 열정으로 직업을 바꿀 수 있다고 믿게 되었어요. 이 믿음이 저를 모험가이자 작가로 살게 했지요. 내게 딱 맞는 길을 찾아서 정말 운이 좋은 것 같아요.
이 책에서는 두려워하지 않고 모험을 떠난 제 영웅들을 소개할 거예요. 모두가 특별하고도 감동적인 여행을 했지요. 제게 영향을 준 모험가가 많은데 전부 소개하지 못해 너무 아쉬워요.

"모험을 하는 데 특별한 재능이나 천재적인 능력은 필요 없어요. 누구든 모험을 떠날 수 있어요."

모험가들의 나이는 10대부터 노인까지 다양해요. 유명한 사람도 있고 이름이 알려지지 않은 사람도 있어요. 그들은 자전거나 배를 타고, 혹은 걸어서 여행을 했지요. 어떤 이는 낙타나 스키, 휠체어, 심지어 최첨단 기계를 이용해 육지를 이동하고, 바다를 건너고, 우주로 향했지요.

저는 어린 시절 겨울이면 방에서 기대앉아 책을 많이 읽었어요. 잠자기 전엔 담요를 뒤집어쓰고 손전등을 비춰 가며 몇 장씩 더 읽었지요. 이 책이 여러분에게 그랬으면 좋겠어요. 분명 영웅들이 여러분에게 손짓할 거예요.

저는 늘 새로운 것에 도전하는 모험가로 살면서 깨달은 게 있어요. 저의 영웅들 역시 평범한 사람들이라는 사실이지요. 다만 그들은 평범한 삶을 거부했던 거예요. 그래서 그들을 더 존경해요.

이 책이 여러분의 꿈을 펼치게 했으면 좋겠어요. 더 용감하게 도전하고, 더 멀리 나아가 자신만의 멋진 모험을 떠나 보세요.

Alastair Humphreys

앱슬리 체리 개러드
Apsley Cherry-Garrard

남극의 겨울은 한낮에도 컴컴해요. 기온이 영하로 떨어지고 혹독하게 춥지요. 이 냉혹한 세계로 펭귄 알을 채취하러 떠난 친구들이 있어요. 앱슬리 체리 개러드는 스콧 대장이 이끄는 유명한 마지막 원정대의 막내였어요. 모두가 그를 체리라고 불렀지요. 펭귄 알들이 과학 연구에 소중한 자료가 되겠지만, 젊은 체리는 그때만 해도 몰랐어요. 굉장히 험난한 탐험이 되리라는 사실을요.

양털 내복 | 내복 위에 겹쳐 입는 양털 내복 | 양털 모자와 목도리 | 바람막이 외투 | 바람막이 바지와 튼튼한 장화 | 발목 감싸개 | 털장갑 (잃어버리지 않게 끈으로 연결)

체리는 매서운 영하의 추위를 견디려고 옷을 7겹이나 입었어요.

시속 100킬로미터의 바람이 휘몰아치는 남극 대륙을 체리와 빌과 버디는 5주 동안이나 사투를 벌이며 걸었어요. 텐트, 침낭, 식량, 과학 장비 등을 운반하는 커다란 썰매 두 대를 끌어야 했는데 엄청나게 무거웠어요. 세 사람은 두 썰매를 묶어 한꺼번에 끌고 가거나, 힘들 때는 한 대씩 나누어 끌고 갔답니다. 설상가상 남극의 겨울은 해가 뜨지 않는데다, 당시는 손전등이 발명되기 전이라 캄캄한 어둠 속을 걸어갔어요. 탐험대의 옷은 얼음으로 두껍게 뒤덮였고, 순록의 털로 만든 침낭도 꽁꽁 얼어붙어 매일 밤 딱딱해진 침낭에 들어가기가 너무 힘들었어요. 기온이 영하 60도까지 떨어졌지만 세 사람은 서로를 격려하며 다독였지요.

잡탕수프

스콧 탐험대의 베이스캠프에서 펭귄 군락지가 있는 케이프 크로지어까지는 눈과 얼음이 뒤덮인 위험한 길로 19일을 가야 했어요. 도중에 얼음이 갈라져 생긴 틈인 크레바스에 빠진 대원들도 있었어요. 체리는 너무 추워 이를 부딪치며 떨다가 결국 이가 부서져 버렸지요!

탐험대에게 남은 음식은 페미컨과 비스킷, 버터와 홍차뿐이었어요. 페미컨은 고기, 기름, 과일, 소금 등을 섞어서 말린 거예요. 체리 일행은 매끼 똑같은 음식을 먹어야 했어요. 눈을 녹여 끓여서 페미컨과 버터, 비스킷 조각을 넣고 휘저었어요. 탐험대는 이것을 '잡탕수프'라고 불렀답니다.

아찔한 사고

가까스로 펭귄 알을 수집했을 때, 큰 재앙이 닥쳤어요. 맹렬하게 불어닥치는 바람에 텐트가 날아간 거예요! 살을 에는 추위와 바람을 막아 줄 텐트를 잃어버려 목숨까지 위험한 상황에 처했어요. 탐험대는 폭풍우로 꼼짝 못 하며 이틀 밤낮을 눈에 파묻힌 침낭 속에서 보내야 했지요. 온몸을 덜덜 떨면서요. 한바탕 눈보라가 지나가자 텐트를 찾아 나섰어요. 바다에 빠졌을지도 모르지만 필사적으로 찾아 헤맸어요. 다행히도 버디가 몇 킬로미터 떨어진 곳에서 바위에 걸려 있는 텐트를 찾았어요. 탐험대는 비로소 안도하며 텐트 안에서 잡탕수프를 끓여 먹었어요. 며칠 만의 식사였지요. 그들은 그렇게 겨우 살아남았어요!

험난한 여정

이 탐험은 상상을 초월하는 최악의 여정이었어요. 하지만 체리와 빌과 버디는 살아남았지요. 세 친구가 가져온 펭귄 알 3개는 매우 진귀한 표본으로 그중 하나는 아직도 영국의 '런던 자연사 박물관'에 전시되어 있답니다.

집으로 돌아온 체리는 《세상 최악의 여정 The Worst Journey in the World》이란 책을 썼는데, "내 인생에서 가장 행복한 순간은 우리 탐험대가 무사히 막사로 돌아왔을 때였다. 밝고 따스한 기운을 다시 느낀 그때가 너무 행복했다. 우리는 잼을 듬뿍 바른 빵과 따뜻한 코코아를 먹고 보송보송한 침낭에 들어가 잠을 잤다. 모두 몇 초 만에 곯아떨어졌다. 1만 년이라도 잘 수 있을 것 같았다."라고 적었답니다.

"우리는 거의 죽다 살아났어요."

최악의 여정

체리와 빌과 버디는 스콧 대장의 베이스캠프를 떠나 희귀한 펭귄 알을 찾아 남극의 펭귄 서식지로 갔어요. 펭귄 알을 구해 베이스캠프로 가져오는 일은 상상했던 것보다 훨씬 더 힘들고 험난한 여정이었지요.

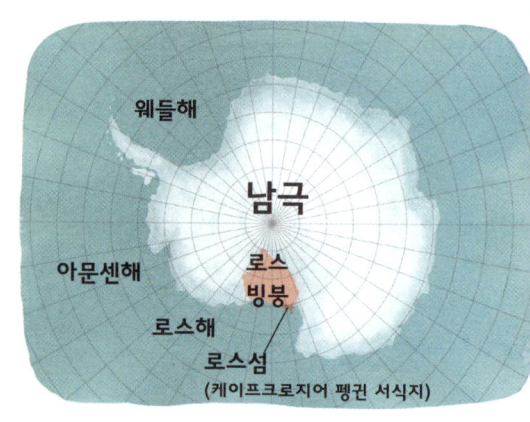

"결과적으로 볼 때 너무 소심한 것보다는
용기 있는 게 더 낫다."

버디, 빌과 체리

탐험 장비

모든 것이 꽁꽁 얼어붙은 캄캄한 남극 대륙에서 지내는 것은 냉장고 안에서 캠프하는 느낌일 거예요. 물론 많은 식량과 양초를 여유 있게 챙겨야 따뜻하게 지낼 수 있지요. 남극 탐험의 필수품이랍니다.

❶ 고래 기름으로 만든 고체 연료
❷ 칼
❸ 비스킷
❹ 페미컨
❺ 양초
❻ 얼음을 깨는 도끼
❼ 펭귄 알
❽ 차
❾ 알코올램프
❿ 램프용 기름
⓫ 침낭
⓬ 텐트

앱슬리 체리 개러드가 나의 영웅이 된 이유

저는 탐험가들이 다 슈퍼히어로인 줄 알았어요. 하지만 체리는 저처럼 평범한 사람이었어요. 이전에는 한 번도 탐험을 해 본 적이 없었죠. 몸이 튼튼하지도 않았고 시력도 좋지 않았어요. 그런데 체리의 열정만큼은 최고였어요. 체리는 알고 싶은 게 많았고 열심히 노력했어요. 저처럼요! 제가 멋진 모험을 하게 된 것은 체리와 같은 열정이 있었기 때문이에요.

아멜리아 에어하트
Amelia Earhart

아멜리아는 여성 최초로 단독 대서양 횡단 비행을 하여 유명해졌어요. 뛰어난 비행사에게 수여되는 미국 수훈비행십자 훈장과 프랑스 레지옹도뇌르 훈장 등 많은 상을 받았지요. 하지만 어느 날 모험을 떠난 아멜리아는 태평양 상공에서 비행기와 함께 영영 사라져 버렸답니다.

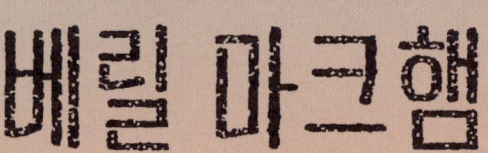

베릴 마크햄
Beryl Markham

베릴은 케냐의 비행사이자 모험가이고, 경주마 조련사이자 작가예요. 여성 최초로 대서양을 동쪽에서 서쪽으로 횡단하는 비행에 성공했어요. 다른 여성들도 시도했지만 모두 목숨을 잃고 말았답니다. 서쪽으로 비행하는 건 맞바람이 불어서 동쪽으로 가는 것보다 훨씬 더 어려웠지요. 베릴은 비행의 선구자로 유명해졌답니다.

"별들이 손에 잡힐 듯 가까이 있는 듯 보였고 전에는 이토록 무수한 별을 본 적이 없었다. 나는 늘 비행의 매력은 그런 아름다움에 있다고 생각했는데, 그날 밤 더욱 확신할 수 있었다."

아멜리아는 하늘에서 아슬아슬한 묘기를 부리는 비행기 에어쇼를 보고 비행의 매력에 빠졌답니다. 처음으로 비행기를 타고 여행을 다녀온 아멜리아는 비행기 조종을 배워야겠다고 생각했어요. 비행 조종을 배운 뒤 아멜리아는 모험을 위해 뉴펀들랜드에서 프랑스 파리로 비행을 떠났어요. 하지만 이륙 후 3시간 만에 심각한 문제가 생겼어요. 고도계가 망가져서 높이를 알 수 없고, 설상가상으로 폭풍우까지 몰아친 거예요.

아멜리아는 비행기의 기계 고장과 기상 조건 때문에 가까스로 육지에 착륙했어요. 비행에 나선 지 15시간 만에 북아일랜드의 어느 평원에 도착했답니다. 험난한 여정이었지만 비행은 성공이었어요! 아멜리아는 비행기로 대서양을 건넌 최초의 여성이 되었지요.

훗날 아멜리아는 전 세계를 비행하는 최초의 여성이 되려고 모험에 나섰는데 안타깝게도 태평양 상공에서 사라진 후 흔적도 찾을 수 없었어요.

베릴은 미국에서 태어나 케냐에서 부유하게 자랐어요. 아프리카 아이들과 함께 맨발로 뛰어다니며 창을 들고 덤불 속에서 동물을 사냥하는 걸 무척 좋아했지요.

그 후 베릴은 비행사가 되어 대서양을 동쪽에서 서쪽으로 건넜어요. 어떤 여성도 시도해 보지 못한 일이었지요. 영국에서 뉴욕을 향해 베릴은 20시간을 홀로 맞바람과 싸우며 힘든 비행을 했어요. 잠도 못 자고 커피와 치킨 샌드위치만으로 버텼지요.

그러다 비행기 연료 탱크가 얼어붙어 캐나다 노바스코샤의 케이프브레턴섬에 불시착했어요. 비록 원하던 뉴욕까지는 가지 못했지만 베릴은 대서양을 동쪽에서 서쪽으로 가로지르는 데 성공한 최초의 여성 비행사가 되었답니다!

아멜리아

손으로 만든 롤러코스터

미국 캔자스

저도 비행기 조종을 배울 수 있을까요?

물론, 당연하지!

안녕!

그럼 내일 아침부터 바로 시작할까요?

아멜리아! 다치지 않았니?

마치 하늘을 난 것 같아!

꽝!

베릴

케냐 은조로

아멜리아 에어하트와 베릴 마크햄의 대서양 횡단 비행 비교

캐나다

뉴펀들랜드의 하버 그레이스

노바스코샤의 케이프브레턴섬

뉴욕

미국

베릴 마크햄

데리

아일랜드 잉글랜드

애빙던

파리

프랑스

아멜리아 에어하트

아멜리아 에어하트와 베릴 마크햄이 나의 영웅이 된 이유

저는 아멜리아의 매력적인 삶과 그녀가 수수께끼처럼 사라졌다는 사실이 흥미로웠어요. 그리고 아멜리아가 남긴 "할 수 없다는 말로 누군가의 앞길을 방해하지 마라"는 충고를 늘 마음 깊이 새기고 있지요.
베릴 마크햄의 책을 처음 읽은 건 자전거로 아프리카를 달리던 때였어요. 세계 일주를 하던 중 베릴이 살던 곳에 이른 거죠.
저는 베릴에게 큰 감명을 받아 자전거 이름도 '베릴'이라고 지었답니다.

로리 리
Laurie Lee

어느 한여름 아침, 영국에서 살던 로리는 어머니에게 작별 인사를 하고 세상을 탐험하기 위해 길을 떠났어요. 아는 거라곤 스페인어 한 문장뿐이었지만 로리는 스페인을 걸어서 여행하기로 결심했어요. 여행 경비는 바이올린을 연주해 가면서 벌기로 했지요. 로리 인생에서 최초의 외국 여행이었답니다.

로리가 아는 스페인어 문장은 바로 이것.
"운 바쏘 데 아구아, 뽀르 파보르.
Un vaso de agua, por favor."
우리말로 "물 한 잔만 주세요."
라는 뜻이에요.

19세 청년 로리는 바이올린을 담요로 싸고, 셔츠 몇 장과 손전등 하나, 간단한 음식 몇 가지로 배낭을 꾸려 고향인 영국 글로스터셔를 떠났어요. 하지만 식량으로 준비한 비스킷은 여행 몇 시간 만에 다 먹어 버렸답니다!

여행 첫날 밤, 비를 맞으며 배수로에서 잠을 자려니 비참한 기분이 들었어요. 당장이라도 여행을 그만두고 집으로 돌아가고 싶었어요. 물론 이대로 돌아가면 형제들이 놀릴 것이 뻔했어요. 로리는 마음을 다잡고 용기를 내서 여행을 계속했어요.

바이올린 연주와 유쾌한 무도회

로리는 바이올린을 모르는 사람들 앞에서 연주하려니 막막하고 부끄러웠어요. 연주할 장소를 찾다가 마침내 어느 다리 아래로 정하고 여행 비용을 위해 바이올린을 켜기 시작했어요. 무척 떨렸지만 걱정했던 것처럼 경찰이 잡아가지도 않았고, 당장 그만두라고 소리 지르는 사람도 없었어요. 사실 로리의 연주를 듣는 사람은 한 명도 없었답니다. 얼마쯤 지났을까 한 할아버지가 나타나 로리가 놓아둔 모자에 동전을 툭 던져 주더니 음악도 듣지 않고 가 버렸어요. 처음으로 번 돈이었지요. 로리는 더 이상 두렵지 않았어요. 어디를 가든 거리 공연으로 돈을 벌 수 있을 것 같아서 든든했어요.

스페인의 마을들은 아주 조용해서, 젊은 영국인이 바이올린을 들고 마을에 온 것만으로도 시끌벅적해졌어요. 매일 저녁 마을 주민들은 로리에게 바이올린 연주를 부탁했고, 거리는 흥겨운 음악과 웃음소리가 넘치는 유쾌한 무도회장이 되었어요. 로리의 바이올린 덕분이었답니다.

별빛 아래서 잠들다

스페인에서 첫날 밤을 맞이한 로리는 간신히 바람만 피할 정도의 잠자리를 만들었어요. 바이올린은 옆에 두고 배낭을 베고 바위를 침대 삼아 잠을 청했지요. 딱딱한 바위에서 자려니 몹시 불편했어요. 게다가 들개들이 으르렁거려 푹 자기도 힘들었어요. 다행히 로리는 점점 캠핑 기술이 늘었고 별빛 아래서 잠드는 아늑한 밤들을 편안하게 느끼게 되었어요.

갈리시아의 비고에서부터 스페인 남부의 안달루시아까지 걸어서 여행하니 어느덧 1년이 훌쩍 넘었어요. 갈리시아는 '1000개의 강이 흐르는 땅'이라고 불릴 정도로 강이 많아 로리는 맑고 깊은 강에서 수영을 즐겼어요. 모자 없이 다니다가 스페인의 맹렬한 햇볕에 온몸이 타서 큰 고생도 했고 일사병에도 걸렸답니다. 다행히 물과 잠자리를 제공해 주는 친절한 사람을 많이 만나 위험한 상황을 무사히 넘길 수 있었지요. 걷다가 힘들 때면 당나귀 수레를 얻어 타고 다음 마을까지 가기도 했답니다.

집으로 가야 할 때

세고비아에서 로마식 수로도 보고 스페인의 수도 마드리드를 여행하던 로리는 곧 전쟁이 일어날지도 모른다는 소문을 듣게 되었어요. 그리고 스페인 남부 어느 바닷가에 이르러 그만 바이올린을 떨어뜨리고 말았어요. 바이올린은 산산조각이 났고, 전쟁이 시작되었답니다. 이제 집으로 돌아갈 때가 된 거였지요.

"이곳에 언젠가 왔던 기분이 든다.
산 중턱에서 새벽에 눈을 떠 세상을
바라보노라면, 아무 계획도 없이 왔고,
전혀 기억에도 없는 그런 장소에서
언젠가 왔던 것 같은 기분이 들어
할 말을 잃게 된다."

로리 리가 나의 영웅이 된 이유

저는 로리가 쓴 책 《한여름 아침에 길을 떠났을 때》를 무척 좋아해요.
이 책을 통해 느리게 여행하는 법과 단순하게 사는 법을 배웠거든요. 로리는 제 여행 스타일을 만들어 주었답니다. 저는 사람들 앞에서 악기를 연주하는 것이 두려웠지만 바이올린을 배우고 로리의 여행을 따라가 보았지요.
사람들 앞에서 연주하기, 돈이 떨어질까 걱정하는 마음, 낯선 사람들의 친절, 아름다운 풍경, 차가운 강물에서의 수영 등을 다 겪어 봤어요. 이 멋진 경험들은 오래전 로리의 여행길과 무척 닮아 있답니다.

나의 일기

8월 4일

아침에 일어나 빵과 과일을 조금 먹고 짐을 꾸린 뒤 샘물에서 머리와 발을 씻었다. 많이 걸은 덕분에 지금은 아주 건강하다. 하루에 30킬로미터도 걸을 수 있다. 런던의 공사장에서 일하던 때가 아득하다. 아침에 하늘을 올려보다가 문득 내가 어디든 갈 수 있다는 걸 깨달았다. 오직 나 자신 외에는 그 누구도 모험을 막을 수 없다.

그렇다면 어디로 갈까? 프랑스? 이탈리아나 그리스? 잘 아는 나라가 없었다. 문득 예전에 배운 스페인어 문장이 떠올랐다. 나는 그 한 문장 때문에 스페인으로 정하고, 편도 표를 구해 스페인으로 향했다.

지금 이 길을 따라 남쪽으로 며칠 동안 걷고 있다. 무화과나무와 밀밭이 넘실거린다. 이따금 햇볕을 피해 나무 그늘에 앉아 개미들을 바라보기도 한다. 서둘러 갈 필요가 없다.

땡볕의 평야를 몇 시간 동안 걸었지만 아무것도 보지 못했다. 너무 더웠다! 발에 물집이 생겨 몹시 아프다. 과다라마산맥을 넘는 데 이틀이 걸렸다. 2000년 전 로마인들이 만든 길을 따라 올랐다. 드디어 산꼭대기에 구름이 펼쳐지면서 시원한 기운이 느껴졌다. 낙원에 온 것 같았다! 이토록 살아 있다는 느낌을, 또 이토록 홀로 당당한 느낌을 이전에는 결코 느껴 본 적이 없었다.

로리

릭 한센
Rick Hansen

릭 한센은 15세 때 자동차 사고를 당했어요. 낚시를 갔다 돌아오는 길에 사고를 당하고 인생이 송두리째 바뀌었지요. 하반신 마비로 남은 인생을 휠체어에서 보내야 했어요. 릭은 다치기 전, 자전거로 세계를 여행하는 것이 꿈이었어요. 그런데 사고 이후 용기를 내 어렵고 힘든 모험에 도전했답니다.

릭에 관한 이야기는 노래로 만들어져 큰 인기를 얻었어요. "세인트 엘모의 불 Man in Motion."이라는 노래를 들어 본 적이 있나요?

릭은 사고 때문에 꿈을 접지 않겠다고 결심하고 마침내 휠체어 육상 선수로 성공했답니다. 휠체어 마라톤 대회에서 세계 챔피언이 되고, 장애인 올림픽인 패럴림픽에 참가해 6개의 메달을 더 땄지요.

릭은 척추 손상을 입은 사람들의 치료 기금 마련을 위해 원대한 모험도 계획했어요. 무려 34개국, 4만 킬로미터를 휠체어를 타고 가는 굉장한 여정이었지요.

힘찬 메시지

릭의 도전은 세상을 놀라게 했어요. 능력에 상관없이 누구나 모험심을 가질 수 있으며 우리 모두 하나하나가 공동체의 소중한 사람들인 것을 세계인들에게 보여 주었지요. 이런 릭의 모험은 효과가 엄청났어요. 중국 베이징에서는 무려 80만 명의 사람들이 릭의 방문을 환영해 주었답니다. 릭은 멈추지 않고 교황님도 만나고 캐나다의 수상도 만났지요. 캐나다 수상은 100만 달러 수표를 선뜻 기부했답니다!

도움의 손길

텐트를 치는 간단한 일도 휠체어를 타고 하려면 무척 힘들어요. 릭은 자신의 여정을 도와줄 팀을 꾸렸답니다. 휠체어를 탄 릭의 뒤를 팀원들이 오토바이로 따라갔지요. 팀원 중 한 명인 아만다는 훗날 릭의 아내가 되었어요. 정말 동화 같은 이야기지요!

영웅의 귀환

릭은 여행하는 동안 뜨거운 사막과 매서운 눈보라, 거대한 산 등 온갖 역경과 싸웠어요. 휠체어 바퀴를 하루 평균 3만 번이나 굴려서 매일 녹초가 되었지요. 무엇보다도 힘들었던 것은 릭의 모험을 이해하지 못하거나 장애인에게 불친절하고 편견을 가진 사람들과 마주치는 일이었어요.

그러나 릭은 포기하지 않고 불편한 몸으로 끝내 수백만 달러를 모금했어요. 고국 캐나다로 돌아올 때 사람들이 노란 리본과 풍선을 들고 몰려와 영웅의 귀환을 환영했답니다.

> "마음만 먹으면 불가능한 일은 없다. 어떤 일도 해낼 수 있다."

릭은 패럴림픽에서 세 번이나 금메달을 땄답니다.

릭 한센이 나의 영웅이 된 이유

저는 자전거로 세계 여행 중 릭의 고향에 들렀다가 그에 대해 알게 되었어요. 릭을 알기 전에는 자전거로 세계 여행을 하는 제가 자랑스러웠어요. 하지만 불편한 몸으로 휠체어를 타고 세계 여행에 도전한 릭 이야기를 듣고 너무 감동받았어요! 캐나다는 릭의 모험에 보답했어요. 여행 도로를 만들고 많은 기금도 조성했지요.

릭의 도전은 캐나다 국민을 단결시켰고, 장애인도 무한한 잠재력이 있다는 걸 사람들에게 보여 주었답니다.

휠체어를 탄 남자, 릭 한센의 세계 여행

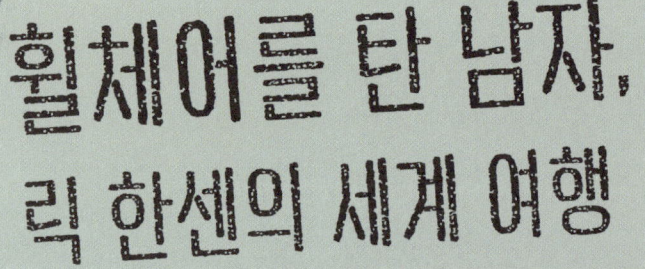

출발/도착

에드먼턴
밴쿠버
캘거리
리자이나
위니펙
시애틀
포틀랜드
퀘벡 시티
오타와
토론토
세인트존스
보스턴
뉴욕
워싱턴 DC
샌프란시스코 댈러스
샌디에이고
로스앤젤레스
뉴올리언스
리치먼드
마이애미

파리
오슬로
글래스고
벨파스트
더블린
런던
파리
마드리드
리스본
지브롤터

캐나다 오타와, 테리 폭스 기념비

오늘 오타와에 도착하여 테리 폭스 기념비를 방문했다. 그는 내가 끝까지 해낼 수 있도록 용기를 준다.

샌프란시스코의 금문교를 건너다. 멋진 광경이다!

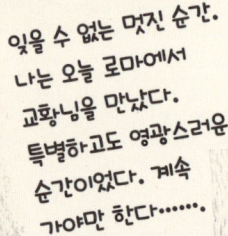

잊을 수 없는 멋진 순간. 나는 오늘 로마에서 교황님을 만났다. 특별하고도 영광스러운 순간이었다. 계속 가야만 한다······.

바티칸 시

방문한 국가: **34개국**

꿈을 갖게 해 준 노래:
세인트 엘모의 불
'Man in Motion'

닳아서 버린 장갑: **47켤레**

사용한 타이어: **160개**

접힌 튜브 타이어: **63개**

굴러서 닳아 빠진 바퀴 살: **718만 800번**

8시간
하루 평균 휠체어를
굴린 시간

릭은 세계 여행
중 놀라운 기록을
만들어 냈어요.
그중 몇 가지만
알아볼게요.

더블라 머피
Dervla Murphy

더블라 머피는 반세기 동안 세상 구석구석을 누볐어요. 25권이 넘는 모험책도 썼답니다. 이 모든 일의 시작은 더블라의 열 번째 생일이었어요. 부모님이 중고 자전거를 사 주었고, 할아버지는 지도책을 주었지요. 지도책을 펼치자 더블라 앞에 온 세상이 펼쳐졌어요. 그 순간 더블라에게는 자전거를 타고 인도로 가야겠다는 꿈이 생겼답니다.

더블라는 20년이 지나 꿈을 현실로 바꾸었어요. 프랑스 됭케르크에서 무려 8000킬로미터나 떨어져 있는 인도 델리까지 자전거만 타고 간 거예요. 몹시도 추운 겨울날, 더블라는 원대한 모험의 첫발을 내디뎠답니다. 더블라는 거친 눈보라와 싸우며 얼음길을 달려 유럽을 거쳐 가야 했는데, 문제는 또 있었어요. 불가리아에서는 어느 밤 늑대 떼가 모여들어 총을 쏴야 했지요.

홀로 여행하기

당시만 해도 여자 혼자 자전거로 여행하는 일은 매우 드물었어요. 더블라가 지나가는 곳마다 사람들이 모여 구경했지요. 동쪽으로 갈수록 구경하는 사람들이 점점 많아졌어요.

더블라는 터키를 거쳐 아프가니스탄, 파키스탄을 지나 인도에 이르렀지요.

험한 계곡을 건너다

더블라는 파키스탄에서 아주 힘든 여정을 겪고 있었어요. 혹독하게 추운 날씨에 온통 눈으로 뒤덮인 산을 자전거로 이동했어요. 길은 몹시 험하고 미끄러웠지요. 산골짜기 아래로 내려가 보니 강에 놓인 다리가 무너져 있었어요. 너무 지친 더블라는 되돌아가려니 막막했어요.

바로 그때, 작은 소 한 마리가 강을 건너려 하고 있었어요. 더블라는 이때다 싶어 소의 목을 감싸고 가까스로 강을 건넜답니다!

> "나는 그저 세상을 즐겁게 만나고 싶었다.
> 기록을 세우거나 깨는 것엔 관심이 없었다."

간단하게 여행하기

더블라는 간단하게 여행하는 것을 좋아했어요. 자전거의 기어가 3개였는데, 그마저도 떼어 버렸답니다. 울퉁불퉁한 아시아 지역의 돌길에서 기어가 망가질 거라고 생각했지요. 더블라는 기어도 없는 자전거로 매일 100킬로미터도 넘게 달렸답니다!

더블라는 여행을 떠나기 전에 목적지 곳곳에 여분의 자전거 바퀴를 소포로 보내 두었어요. 당시에는 자전거 가게가 많지 않아서 바퀴 구하기가 쉽지 않았거든요. 더블라는 작은 짐 가방 2개에 기어를 넣고, 안장가방과 작은 배낭만 들고 여행을 떠났어요. 여권과 돈은 옷 안에 벨트처럼 두르는 지갑에 보관했어요.

모험 장비

❶ 읽을 책들
❷ 일기장과 연필
❸ 칫솔
❹ 따뜻한 내복
❺ 얼굴, 귀까지 덮는 털모자
❻ 자전거 안쪽 튜브 여분
❼ 물을 정수할 수 있는 알약
❽ 선크림
❾ 셔츠
❿ 자전거 수리 용품

더블라 머피가 나의 영웅이 된 이유

더블라는 놀랍도록 평범한 사람이에요. 자신을 운동선수나 모험가로 떠벌리지 않고 솔직하고 친절한 사람이라고 소개했어요. 자기처럼 누구든지 모험을 할 수 있다고 말했지요. 이런저런 변명은 그만두고 그냥 떠나면 된대요. 더블라는 누구에게나 좋은 본보기가 되겠지만 특히 여학생들에게 더 멋진 롤모델이랍니다. 여자도 자전거로 대륙을 여행할 수 있다는 걸 당당히 보여 주었으니까요. 제가 자전거 여행을 꿈꾸며 처음 읽은 게 바로 더블라의 《전속력으로 Full Tilt》라는 책이에요. 저의 첫 자전거 모험은 파키스탄에서 중국까지 가는 여정이었답니다.

라눌프 파인스
Ranulph Fiennes

라눌프 파인스는 왕성하게 활동한 모험가예요. 극지방 탐험에 도전하고, 사막을 건넜으며, 에베레스트산을 오르고, 전설 속 잃어버린 도시를 발견했어요. 70세가 넘은 나이였지만 그의 탐험을 응원하는 기금이 세계 각지로부터 모였어요. 라눌프는 1984년 《기네스북》에 세계에서 가장 위대한 살아 있는 모험가로 기록되었고 영국의 황태자도 극찬하였답니다. 그가 해낸 대단한 모험들 중엔 지구 종단 탐험이 있어요. 준비 기간만 7년이 걸린 어마어마한 모험이었지요.

라눌프 파인스는 그야말로 화려한 생활을 했었어요. 그런데 영국의 예쁜 마을을 망쳐 버린 한 영화사의 세트장을 폭탄으로 없애 버려서 공군 특수부대에서 쫓겨났어요. 그 후 50년 동안의 극한 탐험을 시작했답니다. 여러 탐험가들 중에서도 그만의 특이한 점은 달리기, 등산 등 여러 종목에 걸쳐 도전했다는 점입니다.

나일강과 남극 대륙

라눌프의 첫 여행은 호버크래프트를 타고 나일강을 따라 6400킬로미터를 탐험한 것이에요. 나일강은 지중해에서 시작하는 세계에서 가장 긴 강이지요. 호버크래프트는 압축 공기를 아래로 뿜어 수면이나 지상에서 약간 뜬 상태로 달리는 배랍니다.

사실 라눌프의 모험은 기계의 힘을 빌렸다기보단 인간의 힘만으로 해낸 것이 많아요. 친구와 함께 스키를 타고 90일 동안 남극 대륙도 횡단했지요. 두 사람은 각각 식량과 장비를 실은 200킬로그램의 썰매를 끌었어요. 200킬로그램은 양 두 마리를 합한 무게와 같아 정말 무거웠어요.

잃어버린 도시를 발견하다

라눌프는 전설 속에 존재하던 잃어버린 도시 우바르를 발견했어요. 우바르는 수천 년 전, 아라비아에서 유향을 거래하던 아주 부유한 도시였지요. 그런데 어떤 이유인지 모르지만 오만에 있는 엠티 쿼터 사막에 파묻혀 버렸답니다. 라눌프와 고고학자들로 구성된 원정팀은 고문서와 위성 지도를 이용해 탐색하다가 마침내 우바르를 발견했어요. 이 황폐한 도시의 탑에서 25만 년 된 도끼머리와 1000년도 더 된 체스 말이 발견되었지요.

"팀원은 기술이 아닌 성격을 보고 선발하라."

사막을 달리는 사람

라눌프는 7일간 7개 구역을 지나는 7개의 마라톤에 참가했어요. 그런데 놀랍게도 마라톤 참가 5개월 전에 심장 수술을 받았답니다. 라눌프는 결승선을 통과하며 말했어요.
"따뜻한 핫초콜릿과 치킨 카레를 먹고 싶어요!"
250킬로미터에 이르는 사하라 사막 마라톤에서 뜨거운 모래 언덕을 넘으며 악전고투할 때 그는 71세였어요. 이 마라톤은 '지구상 가장 힘든 경주'라고 불린답니다.

두려움에 맞서다

라눌프는 고소공포증이 있는데도 세 번의 도전 끝에 에베레스트 정상에 올랐어요. 그때가 65세였어요. 정말 굉장하지요? 도전을 멈추지 않는 라눌프의 목표는 북극과 남극을 모두 횡단한 최초의 사람이 되는 것과 7개 대륙의 최고봉에 모두 오른 사람이 되는 거예요.

라눌프 파인스가 나의 영웅이 된 이유

라눌프의 다양한 모험은 한계에 끝없이 도전하는 의지력이 있었기에 가능했어요. 라눌프는 평생 진정한 모험가로 살면서 모금 활동을 통해 어려운 사람들을 도와주었지요.
제가 처음으로 읽은 모험책이 라눌프가 쓴 《아슬아슬한 인생 Living Dangerously》이에요. 제게 많은 영향을 주었지요. 라눌프는 오랫동안 제 삶의 기준이 되었고, 무엇보다 저의 첫 모험가 영웅이랍니다.

북극해

라눌프는 외부의 도움 없이 혼자 걸어서 북극점까지 가기로 했어요. 북극해에는 육지가 없어서 바다 위를 둥둥 떠 있는 얼음들을 디디며 건너야 했어요. 때론 차가운 바닷물을 건널 때도 있었지요. 게다가 북극에는 굶주린 북극곰들이 있어 조심해야 했어요.

어어!

첨벙

!

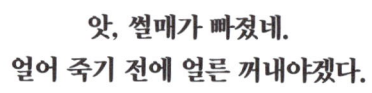

앗, 썰매가 빠졌네.
얼어 죽기 전에 얼른 꺼내야겠다.

손에 아무 감각도 없어서 텐트를 치기가 힘들군.
곤경에 처한 것 같아.

제발 동상에만 걸리지 않았으면 좋겠는데,
어쩌지.

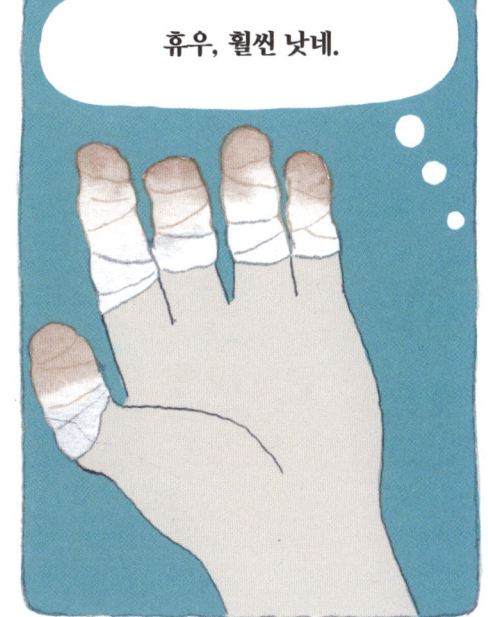

지구 종단 탐험대

지구 종단 탐험대는 야심만만한 모험 계획을 세웠어요. 북극과 남극을 탐험하는,
즉 지구를 세로로 탐험하는 여행이었어요. 라눌프의 아내 지니가 이 모험을 제안했지요.
탐험대 역사상 가장 큰 모험이었답니다. 라눌프는 아무도 이런 탐험을 한 적이 없다며
불가능하다고 말했어요. 그러자 지니가 말했어요.
"저런, 딱하군요. 아직 아무도 도전하지 않았으니 해 보자는 거죠." 그리하여
부부 탐험대는 불가능을 가능으로 바꾸었답니다. 탐험 준비를 하는 데 7년이 걸렸는데
신발 끈 같이 작은 소지품까지도 후원하는 사람들을 찾았답니다.
북극과 남극을 통하여 세계를 일주하는 이 여정은 무려 3년이나 걸렸어요.
비행기를 타지 않고 육지와 바다로만 이동하며 탐험을 성공적으로 마쳤지요.
이후 지니는 영국에서 가장 경험이 풍부한 극지방 무선 통신사가 되었답니다.
그림을 보면서 탐험 중에 벌어진 놀라운 일들을 살펴보아요.

6개월

탐험대는 판지로 된 오두막에 베이스캠프를 만들었어요. 남극 대륙의 길고 어두운 겨울을 버틸 수 있는 든든한 쉼터가 되어 주었지요.

90킬로그램

탐험대는 90킬로그램의 썰매를 끌며 북극을 터덜터덜 걸었어요! 90킬로그램이면 큰 개 세 마리를 끌고 가는 것만큼이나 무겁지요.

최초의 극지방 탐험가

지니는 탐험을 마친 후 극지방 탐험가 상을 받은 최초의 여성이 되었어요.

도로지도책

1년

1년 동안 집중적인 선발 작업을 거쳐 자원봉사자 한 팀이 꾸려졌어요.

반려견 한 마리

라눌프는 반려견 바시도 탐험에 데리고 갔어요. 바시는 남극점과 북극점을 찍은 최초의 개가 되었어요! 바시는 특수하게 디자인된 옷과 모자로 극지방에서 몸을 따뜻하게 했어요.

7년

탐험을 준비하는 데만 7년이 걸렸어요.

99일

라눌프와 동료 찰리는 둥둥 떠다니는 북극해의 얼음 위에서 99일 동안이나 버티다가, '벤저민 보우링호'에 구조되었어요.

1900명의 후원자

1900명의 후원자들이 막대한 탐험 비용을 마련해 주었어요.

1) 라눌프의 탐험대는 탐험선이자 쇄빙선인 '벤저민 보우링'에 돛을 달고 그리니치에서 출항했어요.

2) 탐험대는 아프리카에 도착해 4륜구동 자동차를 타고 사하라 사막을 건넜어요.

3) 탐험대는 코트디부아르에 있던 탐험선에 다시 합류해 아프리카 연안을 항해했답니다.

4) 탐험대는 늦여름에 남극 대륙에 도착한 다음 겨울을 나기 위해 캠프를 설치했어요.

5) 봄이 되자 라눌프 탐험대는 스노모빌을 타고 남극점을 거쳐 남극을 횡단했어요.

6) 지구의 맨 아래에 도착한 탐험대는 벤저민 보우링호를 타고 북쪽으로 향했어요.

7) 라눌프와 찰리는 작은 보트를 타거나 걸어서 북극을 건넜어요.

8) 마침내 북극점에 도착한 탐험대는 벤저민 보우링호를 타고 그리니치로 돌아왔답니다!

영하 40도

북극은 영하 40도까지 떨어진답니다!

자크 피카르
Jacques Piccard

자크 피카르의 집안은 모험가 가족이에요. 자크의 아버지는 기구를 타고 누구보다 높이 올라갔고, 자크의 아들은 최초로 기구를 타고 한 번도 쉬지 않고 세상을 한 바퀴 돌았어요. 아버지나 아들과 달리 자크는 바닷속 제일 깊은 곳까지 탐험했어요. 그의 탐험은 바다 환경의 중요성을 알려 주었어요.

바티스카프 트리에스테 잠수정

깊은 바닷속은 빛이 닿지 않아 몹시 춥고 캄캄한 세상이에요. 바닷속으로 더 깊이 들어갈수록 수압이 엄청나게 높아져서 인간은 물론 일반 잠수함도 견디지 못하고 짓눌려 찌그러지지요. 달보다 더 힘든 환경이라고도 할 수 있어요. 자크는 심해를 탐사하면서 혹독한 바닷속 환경과 맞닥뜨려야 했답니다.

심해 탐사용 잠수정

자크와 아버지는 놀라울 정도로 튼튼한 심해 탐사용 잠수정을 만들었어요. 이 잠수정으로 바닷속 1.5킬로미터 지점까지 내려갔답니다. 두 번째 시도에서는 3킬로미터까지 내려갔어요. 자크는 더 성능 좋은 잠수정을 만들기 위해 모든 힘을 쏟았어요.

그 결과 나온 최종 모델이 '트리에스테'예요. 트리에스테는 크게 두 부분으로 나뉘는데, 하나는 잠수사가 타는 공간이고 또 하나는 잠수정이 떠 있게 하는 공간이에요. 이 잠수정에 타는 사람들은 무려 15만 톤의 압력을 견뎌야 했어요. 만약 잠수정에 조금이라도 금이 생긴다면, 자크와 친구 돈 월시는 즉시 엄청난 압력을 받아 사망할 수도 있었지요. 하지만 이런 위험에도 두 사람은 인류가 한 번도 가 보지 못한 곳으로 기꺼이 모험을 떠났답니다.

아래로, 더 아래로

수심 약 1만 900미터. 태평양 마리아나 해구에 있는 챌린저 해연의 깊이예요. 이 깊은 곳까지 도달하기 위해 자크와 돈은 잠수정에 9톤의 철을 실었어요. 나중에 수면 위로 올라올 때는 이 철을 버리면서 올라왔지요.

챌린저 해연까지 내려가는 데는 거의 5시간이 걸렸어요. 1초에 약 90센티미터씩 내려간 셈이지요. 그런데 수심 9000미터 지점에서 잠수사들이 있는 공간의 유리창에 금이 갔어요. 하지만 두 사람은 목표 지점까지 계속 내려갔답니다.

깊은 해저

마침내 챌린저 해연에 도달한 자크와 돈은 악수를 나누고 초콜릿 바 봉지를 뜯으며 자축했답니다! 트리에스테는 해양 생물을 수집할 장치나 사진 찍을 수 있는 특수 카메라가 없어서 연구 표본을 가져오지는 못했지만, 매우 의미 있었어요. 어떤 사람도 그렇게 깊은 해저에 들어가 본 적이 없었거든요. 바닥에 도달한 지 20분 만에 다시 상승해 3시간에 걸쳐 수면 위로 올라왔어요.

귀중한 성과

트리에스테는 인간이 심해를 탐험할 수 있다는 사실을 증명한 것만으로도 귀중한 성과였어요. 또한 지구의 가장 깊은 곳에 생명체가 존재한다는 것도 확인했어요. 이 발견 덕분에 핵폐기물을 바다에 버리는 행위를 금지하는 법이 생겼답니다.

> "우리가 가장 바라는 것은
> 자연을 이해하고 자연에 순응하는 것이다."

심해 챌린저 잠수정

마리아나 해구

자크 피카르와 돈 월시는 북태평양 마리아나 해구의 바닥까지 도달한 최초의 사람들이에요. 마리아나 해구는 수심 1만 미터가 넘는 심해이지요. 지구 표면 중 가장 낮은 곳이라 할 수 있어요. 마리아나 해구가 얼마나 깊은지 그림으로 살펴보아요.

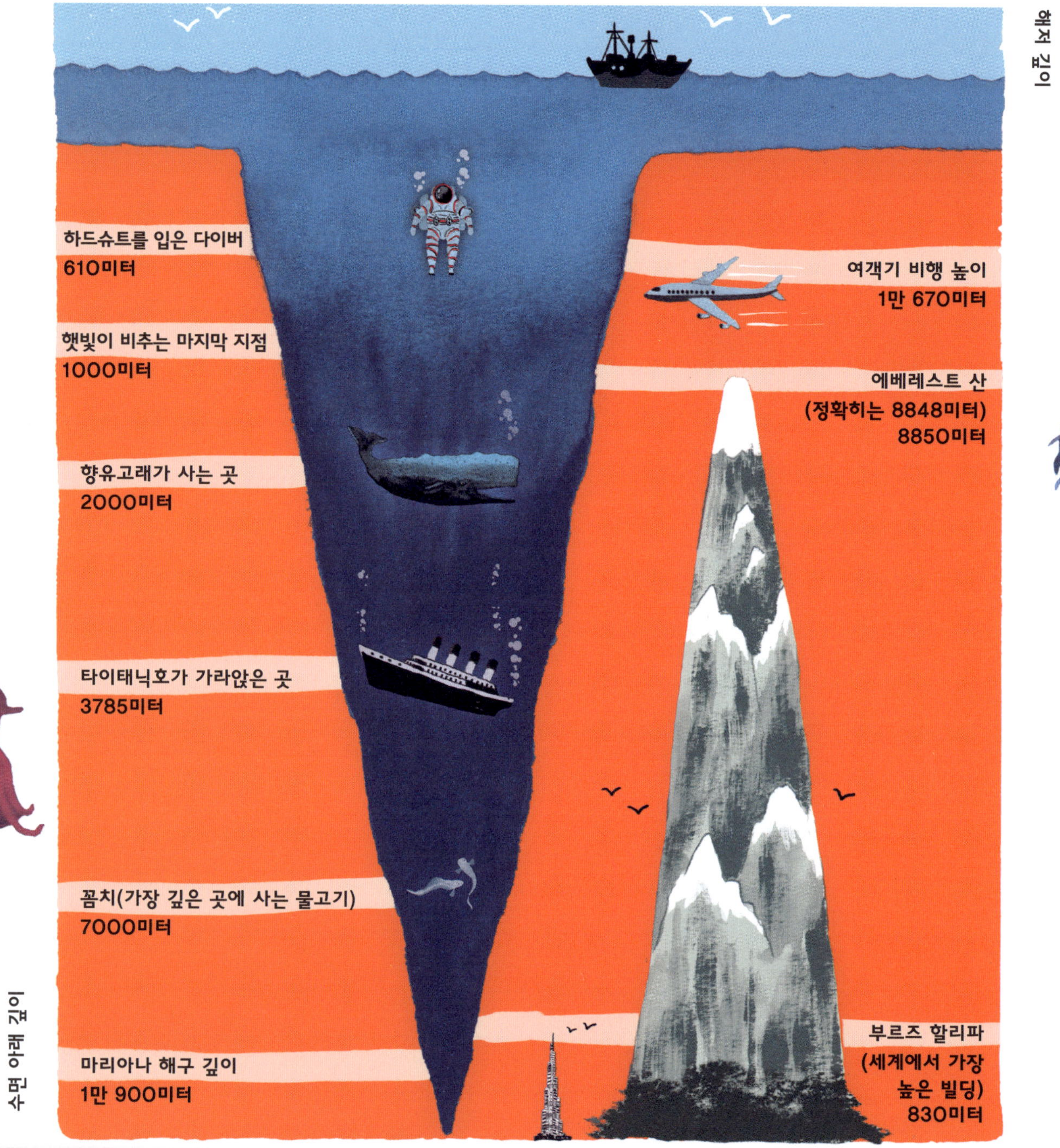

- 하드슈트를 입은 다이버 610미터
- 햇빛이 비추는 마지막 지점 1000미터
- 향유고래가 사는 곳 2000미터
- 타이태닉호가 가라앉은 곳 3785미터
- 꼼치(가장 깊은 곳에 사는 물고기) 7000미터
- 마리아나 해구 깊이 1만 900미터

- 여객기 비행 높이 1만 670미터
- 에베레스트 산 (정확히는 8848미터) 8850미터
- 부르즈 할리파 (세계에서 가장 높은 빌딩) 830미터

해저 깊이

수면 아래 깊이

자크 피카르가 나의 영웅이 된 이유

자크의 모험은 인류가 달에 처음 착륙하던 시기와 비슷한 때에 이루어졌어요. 둘 다 생명체가 견디기 어려운 환경에 도달하는 프로젝트였지요. 이 프로젝트들은 최첨단 기술이 발달하기 전에는 불가능한 일들이지요. 이제는 수백 명이 우주여행도 해 보았고, 이미 12명이 달에 발을 디뎠어요. 하지만 자크가 탐험한 곳에 가 본 사람은 자크를 포함해 세 사람 뿐이에요. 특히 자크가 지구 환경 보호에 보인 관심은 존경스러워요.
어떤 일이 일어날지 모르는 환경에도 도전하는 사람은 정말 멋져요.

자크 피카르와 돈 월시는 트리에스테 잠수정을 타고 마리아나 해구로 내려갔어요.

두 사람은 점점 더 깊은 곳으로 내려갔지요.

수심 9000미터에 이르렀어요.

빠직!

유리창에 금이 가 두 사람은 두려움에 빠졌지요.

모든 장비 전원을 끄고 조용히 귀를 기울였어요. 괜찮아지길 바라면서…….

좋아. 계속하자!

트리에스테는 마리아나 해구의 바닥에 부드럽게 내려앉았어요.

쿵!

두 사람은 초콜릿을 먹으며 자축했답니다.

그리고 놀랍게도 전화 통화를 했어요!

여보세요, 수중 음파 시스템으로 듣는데 잘 들리네요!

심해 전화 통화

마이클 콜린스
Michael Collins

아폴로 11호 우주비행사 닐 암스트롱과 버즈 올드린은 인류 최초로 달에 착륙해 명성을 얻었지요. 두 사람이 달에 발을 내딛는 동안 마이클 콜린스도 중요한 임무를 수행했어요. 두 사람이 지구로 무사히 귀환하도록 사령선을 타고 달 주위를 빙빙 도는 일이었지요. 마이클이 달 뒷면을 돌 때 잠시 무선 교신이 끊겼는데, 그 순간 세상 누구보다도 외로웠을 거예요.

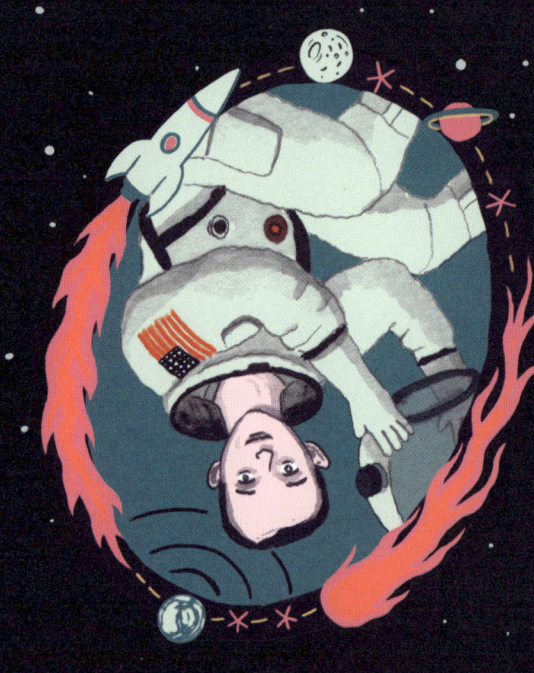

아폴로 11호의 사령선 컬럼비아호 조종사였던 마이클은 닐과 버즈가 달에 발을 내딛는 동안 홀로 사령선에 남아 있었어요. 두 사람이 이글이라는 모듈을 타고 달에 착륙하여 걷는 순간에도 마이클은 궤도를 돌고 있었어요. 마이클이 달 뒷면을 비행하면서 지구와 무선 교신이 끊겼을 때 마이클은 홀로 고립되었어요. 하지만 아슬아슬한 순간을 즐기면서 임무의 중요성을 생각하니 외로울 새도 없었어요. 만약 이글호가 잘 못될 경우 닐과 버즈는 영원히 달에 남아야 했기 때문에 두 친구가 컬럼비아호로 무사히 돌아올 때까지 안심할 수 없었어요.

 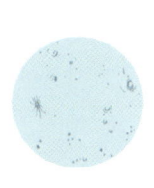 

우주비행사 훈련

우주선을 타고 가는 여행에서는 아주 작은 실수조차 엄청난 사고로 이어진답니다. 그래서 우주 비행을 준비하려면 여느 탐험보다 훨씬 많은 시간과 노력이 필요해요. 우주비행사 역시 다른 모험가보다 훨씬 많은 기술을 익혀야 하지요. 인류 최초로 달에 간 마이클과 두 친구 역시 많은 노력으로 기술을 배우고 훈련했어요. 대단히 힘든 과정이지요. 그래서 꼼꼼한 계획이 필요해요.

로켓 과학에서 우주 암석에 이르기까지

우주비행사가 되려면 무엇보다도 수학과 과학을 잘해야 해요. 마이클은 우주비행사에게 가장 중요한 도구는 자와 연필이라고 했어요. 또한 수백 시간 동안 무중력 상태에서 유영 훈련을 하고 우주비행선 조종을 익히고, 달에 도착해 암석들을 파악할 수 있는 지질학 공부도 했어요. 이 모든 훈련 중에 가장 힘든 것이 바로 원심력 훈련이에요. 원심력 발생 장치에 들어가 구토가 나올 정도로 빙글빙글 돌아야 했거든요! 이 훈련은 우주선이 지구 대기권을 통과해 들어올 때 맞닥뜨려야 하는 중력가속도를 견디기 위해서 필요하답니다.

아폴로 11호 이륙합니다!

기본 훈련을 마치면 우주비행사들은 각자 임무에 맞는 기술을 익히지요. 한 사람이 모든 기술을 다 익힐 수 없어 한 팀인 마이클, 닐, 버즈는 각자 임무를 정해 기술을 배웠어요. 마이클은 유명한 팀에 들어간 게 큰 행운이라고 여겼어요. 비록 전 세계 사람들이 지켜보는 부담은 있었지만요. 무엇보다도 달에서 지구로 돌아오는 과정은 대단히 어렵고 위험했어요. 물론 아폴로 11호를 발사시키는 과정도 매우 정교하고 복잡한 일이었지요. 어쨌든 분명히 말할 수 있는 것은, 마이클은 인류 최초로 달에 착륙한 아폴로 11호의 한 명이었고 그 자체가 굉장한 모험이라는 것이에요.

"아폴로 11호에 탄 세 사람 중 내가 최고였다고 말하면 거짓말일 것이다.
분명한 건 내가 그중 한 명이었다는 사실만으로도 충분하다."

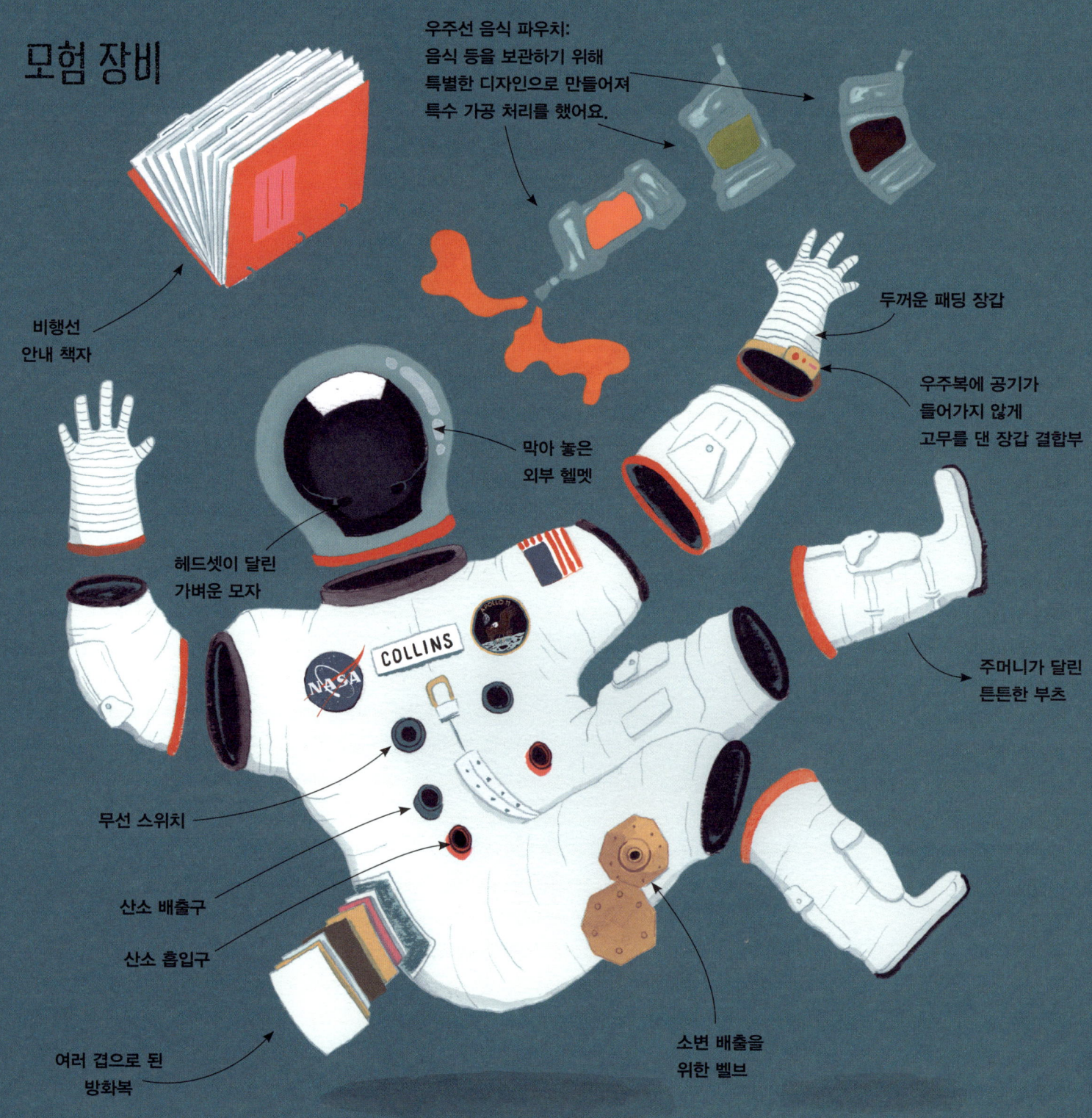

마이클 콜린스가 나의 영웅이 된 이유

저는 큰소리만 치기보다 행동으로 실천하는 사람을 존경해요. 마이클은 인류 역사상 가장 위대한 모험을 완수한 팀의 일원이었지요. 마이클이 없었다면 그 모험은 성공하지 못했을 거예요.
하지만 오늘날 많은 사람이 그의 이름을 알지 못해요. 아마 마이클도 달에 발을 내딛고 싶었겠지만 그것은 마이클의 임무가 아니었어요. 마이클은 이 사실을 인정하고 자신의 임무를 멋지게 수행했어요.

나의 일기

이제 달에 갈 날도 얼마 남지 않았다. 이렇게 일기를 쓰기도 힘들다! 수많은 어려운 일과 약간의 두뇌 활동, 어느 정도의 행운이 나를 이 모험으로 이끌었다. 오늘은 일요일, 일주일 중 푹 쉴 수 있다. 부엌을 어지럽히긴 했지만 맛있는 양고기 카레를 요리하고, 강아지 두베와 놀아 주었다. 모든 것이 소중한 일상이다.

아내 패트리샤는 걱정이 많아 보인다. 그 마음을 이해한다. 우리 팀은 1초당 4만 500킬로미터를 날게 될 것이다. 정말 빠른 속도다! 물론 쉽지 않을 것이다. 특히 이륙할 때 잘못되는 경우가 많아서 어려운 도전이다.

우리가 탈 로켓은 연료가 엄청나게 많아서 폭발할 경우 TNT폭탄 2000톤의 폭발력과 비슷하다고 한다. 정말 어마하다. 부디 내가 어리석은 실수를 저지르지 않길 바란다. 어쨌든 여행을 생각하니 두근두근 설렌다!

어제 받은 헬리콥터 훈련은 정말 재미있었고 우주선에서 둥둥 떠다니는 법을 많이 배웠다. 마치 한 손으로 배를 쓰다듬고 다른 한 손으로 머리를 톡톡 치는 느낌이랄까. 이 훈련은 전 세계 암석에 대한 공부보다 훨씬 흥미로웠다. 혹시라도 지구로 귀환할 때 정확한 지점에 도착하지 못할 경우를 대비해 사막과 정글에서 살아남는 기술도 배웠다.

나의 모험은 패트리샤와 사랑하는 세 아이에게 큰 영향을 줄 것이다. 모험가들이 어려운 꿈을 쫓아 떠날 때, 뒤에 남겨진 가족에 대해서는 아무도 신경 쓰지 않는다. 분명 가족도 두렵고 외롭다. 앤과 마이클은 겨우 네 살, 세 살이라 아빠의 상황을 잘 알지 못하지만 케이트는 일곱 살이어서 아빠의 일을 이해한다. 딸이 아빠가 우주비행사라는 걸 좋아해 다행이다. 크게 걱정하지는 않는 것 같다. 달에 가면 가족이 무척 그리울 것이다.

마이크

로빈 데이비슨
Robyn Davidson

로빈은 낙타나 사막, 탐험에 대해 아무것도 몰랐어요.
하지만 무척이나 오스트레일리아의 오지로 모험을 떠나고 싶었어요.
로빈은 앨리스스프링스로 가서 2년 동안 낙타 다루는 법과
사막에서 생존하는 법을 배워 드디어 사막에 갈 수 있게 되었답니다.

옷가방과 6달러, 개 한 마리만 데리고 오스트레일리아의 앨리스스프링스로 간 지 2년 후, 로빈은 사막횡단 준비를 모두 마쳤어요. 낙타는 사납게 물거나 발길질을 하기 때문에 다루기가 굉장히 어려웠답니다. 게다가 사막에서 살아남지 못할 거라며 못마땅해하는 사람들의 눈초리도 이겨 내야 했어요. 뼈까지 바싹 말라 버리는, 광활한 오스트레일리아의 오지는 경험이 풍부한 여행가들에게도 버거운 곳이었어요. 하지만 숨 막히게 아름다운 풍경과 캥거루나 유황앵무 등의 야생 동물이 살고 있지요. 로빈은 6개월 넘게 낙타를 타고 무려 2700킬로미터의 거리를 횡단해 마침내 바다에 이르렀어요. 정신적으로나 육체적으로 자신의 한계에 도전하는 모험이었답니다.

기나긴 날들

로빈은 네 마리의 낙타 두키, 밥, 젤레이카, 젤레이카의 새끼 골리앗, 그리고 반려견 디기티와 함께 여행을 했어요. 아침에는 일찍 일어나 차를 끓이고 짐을 챙겨 낙타 등에 안장을 얹고 올라탔지요. 밤이면 낙타들이 먹을 것을 찾으러 돌아다녀서 매일 아침 낙타들을 찾기 위해 애썼어요. 낙타에게 달아둔 종소리로 위치를 알아냈지요. 한번은 낙타들이 모두 도망가 버렸는데 그때 로빈은 여행에서 가장 큰 두려움을 느꼈죠. 낙타 없이는 목적지에 도착하지 못하고 사막 한가운데서 죽을 수도 있으니까요. 여러분은 이런 상황이라면 어떻게 했을까요?

> "나는 두 가지 중요한 사실을 알게 되었다.
> 마음만 먹으면 강한 사람이 될 수 있다는 것과
> 어떤 도전에서도 가장 힘든 일은
> 첫걸음을 떼는 것이다."

새로운 친구

한번은 로빈이 오스트레일리아의 원주민 노인과 친구가 되어 모험을 함께하는 꿈을 꾸었어요. 그리고 로빈이 외롭게 여행하던 어느 날 갑자기 어디선가 피찬차차라족이 나타났어요. 에디라는 이름의 원주민은 로빈과 300킬로미터를 함께 여행했지요. 에디는 영어를 못 했지만 두 사람은 손짓과 발짓으로 즐겁게 대화를 나눴어요.

멋진 광경

6개월의 길고도 험난한 여정을 마치고 태평양에 도착했을 때 로빈의 낙타들은 굉장히 당황했어요. 그렇게 많은 물을 본 적이 없고, 더욱이 바닷물은 마실 수 없는 소금물이었거든요. 로빈은 사랑하는 낙타들을 달래며 바닷가를 함께 거닐며 즐거워했어요. 태양을 견디며 힘든 여행 후에 누리는 즐거움은 대단하지요.

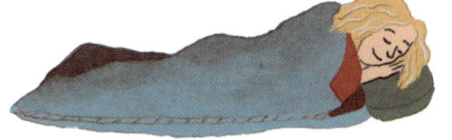

모험 장비

① 물통
② 수면용 돗자리
③ 족쇄(밤에 낙타를 묶어 두기 위해)
④ 식량
⑤ 개 사료
⑥ 짐을 담는 봇짐(침낭 겸용)
⑦ 밧줄
⑧ 나침반
⑨ 갈아입을 옷
⑩ 양가죽 러그
⑪ 낙타 입마개
⑫ 담요
⑬ 지도

로빈의 황금 법칙

로빈은 여행 내내 자신보다 낙타를 돌보는 것을 우선으로 여겼어요. 낙타는 모험에서 중요한 역할을 맡았으니까요. 긴 하루가 저물면 로빈은 낙타 등에서 안장과 짐을 내리고 낙타의 몸에 끈을 묶었어요. 낙타가 근처에 먹이를 찾으러 갔다가 길을 잃을 수도 있으니까요. 이처럼 낙타가 식사하도록 살핀 후에야 비로소 모닥불을 피워 자신의 식사를 준비했답니다. 대부분 통조림이었어요. 식사를 마치면 침낭으로 들어가 깊은 잠에 빠져들었어요. 사막의 밤은 5도 이하로 떨어져 춥기 때문에 주로 모닥불 곁에서 잠을 청했답니다.

로빈 데이비슨이 나의 영웅이 된 이유

로빈은 낙타나 탐험에 대해 몰랐지만 용기 있게 도전했어요. 포기할 이유가 없었어요. "나 같은 사람은 이런 모험에 어울리지 않아"라며 지레 포기하지 않았어요. 오히려 강한 의지로 부족한 부분은 배워 가며 모험을 떠날 준비를 했답니다. 홀로 터득한 것도 많았어요. 저도 늘 오지로 떠나고 싶어요.

로빈의 책 《트랙스 Tracks》에 담긴 멋진 사진을 볼 때마다 꿈은 더욱 커진답니다.

펠리체 베누치
Felice Benuzzi

제2차 세계대전 당시 이탈리아 사람인 펠리체 베누치는 케냐에 포로로 잡혀 있었어요. 펠리체가 있던 포로수용소는 케냐산 봉우리들이 보이는 곳이었지요. 지루한 수용소 생활 속에서 웅장한 산을 지켜보던 펠리체는 그 산으로 모험을 떠나고 싶은 열망에 사로잡혔어요. 수용소에 갇힌 포로가 산을 오르는 일은 결코 쉽지 않았지만 펠리체는 꿈을 이루었답니다.

5000미터가 넘는 거대한 산을 오르는 일도, 포로가 수용소를 탈출하는 일도 굉장히 위험했지만, 펠리체는 이 말도 안 되는 일을 꿈꿨어요!

우선, 펠리체는 자신의 모험에 함께할 두 친구를 찾았어요. 그리고 은밀하게 이 모험 준비를 도와줄 사람들도 찾았지요. 간수들 눈에 띄지 않게 얼음산을 오르는 데 필요한 얼음도끼나 아이젠을 만들려면 기발한 상상력이 필요했답니다. 준비 과정은 8개월이 걸렸어요. 펠리체는 단 하나뿐인 지도를 보며 계획을 세웠어요. 지도라고는 옥소 회사 통조림의 라벨에 있는 케냐산 그림이었지요. 그런데 무엇보다 세 사람은 산에 첫발을 내딛기 전에 포로수용소부터 탈출해야 했어요. 포로수용소에서 배급되는 식사는 양이 워낙 적어서 여기저기서 모은 약간의 건포도가 유일한 여분의 식량이었답니다. 건포도 몇 알로 산을 오를 힘이 있었을까요?

펠리체와 친구들이 준비한 장비

"탈출을 생각하면 할수록 나의 목표가 얼마나 힘든가를 더 깊이 깨달았다."

펠리체 베누치가 나의 영웅이 된 이유

저는 펠리체의 모험이 보여 준 환희의 순간들을 좋아해요. 친구들과 머리를 맞대어 계획을 세우고, 산을 오르며 여러 어려운 상황을 극복해 나가는 과정들 말이에요. 이 모든 것을 수용소에 갇힌 포로가 이루어 냈으니 대단하지요.
전쟁도 포로수용소도 자신의 꿈을 막지 못한다는 펠리체의 믿음은 제게 큰 영향을 주었어요.
결심만 확고하다면 꿈을 이룰 수 있다는 생각을 갖게 됐답니다.

등반할 때 필요한 장비

케냐산을 오르기 위해 세 사람이 한 일

쓰레기장 급습!

은밀한 거래!

위대한 탈출 작전

주연
펠리체 베누치
빈첸초 바소티
조반니 발레토

빌린 장비도 슬쩍 챙기고

토마토 밭에 숨긴 장비도 준비!

세라 아우튼
Sarah Outen

세라 아우튼은 배를 타고 사이클, 카약을 타며 4년 동안 전 세계를 돌아다녔어요. 모험 도중 태평양 한가운데에서 열대 폭풍우를 만났고 대서양을 건널 때는 허리케인과 맞닥뜨렸어요. 누가 봐도 멈춰야 할 모험이었지만 세라는 이렇게 말했어요. "나중에 생각해 보면 모험을 떠난 것이 훨씬 좋았다."

4년 반 동안 육지와 바다로 세계를 누비는 모험이라니, 상상이 되나요? 바로 세라가 24세에 그 모험을 했어요! 세라는 몇 달간 훈련을 받고 영국 런던에서 노를 저으며 모험을 시작했어요. 영국 해협을 지나 9시간 만에 프랑스에 도착한 뒤에는 곧장 '헤라클레스'라는 자전거를 타고 동쪽으로 나아갔어요. 유럽을 가로질러 중앙아시아와 중국까지 1만 6000킬로미터를 달렸지요. 몹시 힘든 여정이었지만 세라는 스스로를 돌아보며, 여행길에서 친절을 베풀어 준 사람들에게 많은 배움을 얻었지요.

허리케인과 폭풍우

세라가 맞닥뜨린 가장 큰 어려움은 홀로 노 저어 바다를 건너는 것이었어요. 열대 폭풍우를 만나 간신히 고비를 넘기자 이번에는 허리케인이 위협했지요. 태평양에서 열대 폭풍우 때문에 배가 스무 번이나 뒤집히고 허리케인이 닥치기 전 대서양에서 구조되었답니다. 대부분의 사람들은 이런 일을 겪으면 다시는 도전하지 못하는데 세라는 오히려 모험을 계속했어요. 시련을 통해 모험가는 인내심을 얻고 늘 긍정적이며, 언제든 다시 도전해야 한다는 것을 마음에 새겼답니다. 또한 자연의 위력이 얼마나 무시무시한지를 알게 되었지요.

모험을 함께하다

세라의 모험에는 잊지 못할 아름답고 멋진 순간도 많았어요. 세라는 중국에 머무는 동안 가오라는 젊은이를 만났어요. 가오는 세라의 모험에 매료되었는데, 특히 자전거로 온 나라를 여행하는 것은 꿈도 꾸지 못했지요. 가오는 세라와 함께 베이징까지 가려고 바로 다음 날 자전거를 샀어요. 두 사람은 중국 대륙 4800킬로미터를 횡단했어요. 가오가 여행을 결심한 것은 세라가 전해 준 모험 정신 때문이었어요. 여러분도 세라처럼 할 수 있답니다.

세라가 탄 배

해피 삭스

넬슨

걸리버

세상의 끝

영국 땅을 밟은 세라는 런던으로 돌아가는 길에 가족, 친구들과 합류해 같이 자전거를 타고 달렸어요. 그리고 타워 브리지 아래 도착하는 것으로 4만 킬로미터에 달하는 여정을 모두 마쳤지요. 수많은 어려움이 있었지만 세라는 해냈어요!

"여러분 앞에 있는 방해물은 무엇일까요?
바로 여러분 자신이랍니다!"

세라 아우튼이 나의 영웅이 된 이유

바다에서 노를 젓는 것은 굉장히 힘들어요. 노를 저으려면 고도의 기술이 필요하지만 기술이 있어도 무수한 위험이 도사리고 있답니다. 자전거로 육지를 달리는 것 역시 정말 힘들어요. 세라는 이 모든 힘든 일들을 독특하고 매력적인 여정에 포함시켰어요. 거친 모험은 남자들만이 한다는 편견을 세라가 과감히 깬 거예요. 세라는 모험가를 꿈꾸는 많은 여학생에게 멋진 영웅이지요!

시작

출발
세라는 영국 런던에서 노를 저으며 출발해 영국 해협을 지나 프랑스로 향했어요.

프랑스에서 중국으로
자전거 헤라클레스를 타고 중국으로 향했지요. 중국에서 젊은이를 만나 4800킬로미터를 함께 자전거로 여행했어요.

북태평양 건너기
새로운 배 해피 삭스를 타고 일본을 출발했어요. 4개월 동안 바다를 건너면서 폭풍우가 몇 주 동안 이어지자 알래스카로 경로를 바꿨어요.

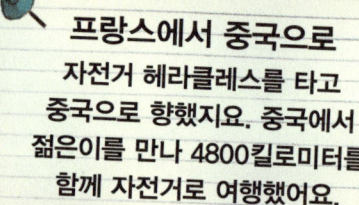

회복과 재도전
세라는 영국으로 돌아와 몸을 회복하고 다시 일본으로 갔어요.

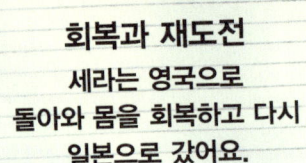

알래스카 자전거 여행
저스틴이 다시 합류해 두 사람은 자전거를 타고 에이댁 섬에서 호머까지 달렸답니다.

도착
세라는 템스강을 노를 저어 갔어요. 마침내 타워 브리지 아래 도착하면서 4년하고도 반년이나 걸린 4만 킬로미터의 대장정을 마쳤답니다.

끝

이븐 바투타
Ibn Battuta

아부 압달라 무함마드 이븐 바투타(애칭으로 이븐으로 불리는데, 아랍어로 '아들'이라는 뜻이에요)는 가장 왕성하게 활동한 모험가예요. 심지어 전설의 모험가 마르코 폴로보다도 더 많이, 더 멀리까지 다녔지요. 이븐 바투타는 21세에 당나귀를 타고 고향인 모로코를 떠났어요. 그후 30년간 집에 돌아가지 않았답니다! 이븐은 아시아, 중동, 아프리카 등 이미 잘 알려진 곳들을 종횡무진 누비며 700년 전에는 상상할 수 없는 것들도 보았지요.

이븐 바투타는 사우디아라비아에 있는 이슬람 성지 메카로 순례를 떠났어요. 메카는 이슬람교도들이 평생 꼭 한 번 가 보고 싶어 하는 곳이에요. 그렇게 길을 나선 이븐은 세상에는 탐험해 보고 싶은 곳이 무궁무진하다는 사실을 깨닫게 되었어요. 이븐은 "부모님과 헤어지게 되어 슬프지만 놀라운 세상을 더 많이 경험하고 싶다"라고 적었어요.

에 해당하는 지역까지 내려와 콘스탄티노플에 머물렀어요. 그러고는 다시 크림반도와 중앙아시아, 아프가니스탄을 거쳐 인도의 델리까지 갔지요.

이븐은 강한 정신력으로 도둑과 물집, 자신이 지닌 온갖 편견과 맞서 싸웠어요. 또한 북아프리카와 아프리카의 뿔이라 불리는 북동부 지역, 서아프리카, 동유럽 등은 물론 중동, 남아시아, 중앙아시아, 동남아시아, 중국까지 여행을 했어요. 정말 아주 멀리까지 갔지요.

"힘이 되어 줄 여행 동료도 없이 홀로
길을 떠나지만, 오랫동안 갈망하던
성지들을 간다는 생각에 심장이
고동치는구나. 사랑하는 사람들과
헤어지고, 둥지를 떠나는 새처럼
정든 집을 떠나더라도
내 결심은 변함없다네."

이븐은 아프가니스탄의 산들을 넘을 때
낙타 발이 눈에 빠지지 않게 자기 옷을 깔아 주었어요.

놀랍고도 마법 같은 일

아무 계획도 없이 호기심 하나로 길을 떠난 이븐의 모험 지도는 하나의 길이 아니라 거미줄처럼 복잡하게 얽혀 있답니다! 이븐은 불을 먹는 묘기사, 마술사, 빙글빙글 춤추는 수도승 등 많은 사람을 만났어요. 심지어 여행 중 열 번이나 결혼을 했지요! 수십 년 동안 여행을 다니며 신기한 사람을 많이 만난다면 어떤 기분이 들까요?

넓고도 넓은 세상

이븐은 동쪽으로 여행하면서 새로운 세상에 눈을 떴어요. 이집트 알렉산드리아에서는 꿈을 꿨어요. 커다란 새를 타고 예멘까지 날아간 다음 동쪽과 남쪽으로 가다가 '거무스름하고 초록색을 띤 나라에 우연히 내리는' 꿈이었죠. 이라크와 이란, 페르시아의 걸프만 등을 탐험하며 5번이나 순례를 한 이븐은 오늘날 케냐

이븐 바투타가
나의 영웅이 된 이유

이븐의 여정은 굉장해요. 이븐에 비하면 제가 처음 모험을 꿈꿨을 때는 여행 계획이나 목표 설정이 쉬웠어요. 여행책도 많이 읽고 세상의 아름다운 광경 사진도 많이 봤으니까요. 저의 모험이 가능했던 것은 저보다 먼저 여행길을 개척한 영웅들 때문이에요. 하지만 이븐은 아무런 정보나 지식 없이 여행을 떠났어요.

그의 원동력은 오직 호기심뿐이었지요. 어쩌면 호기심이야말로 모험가들의 가장 중요한 자질이 아닐까요?

이븐 바투타의 여행

이븐 바투타가 30년 동안 얼마나 많은 곳을 여행했는지를 보여 주는 지도예요. 이븐의 여행기인 《놀라운 도시 여행 A Gift to Those Who Contemplate the Wonders of Cities》, 《아름다운 여정 The marvels of Travelling》은 널리 읽히고 있으며 그의 경험담 중 일부를 이 책에서도 소개할게요.

❾ 이븐은 스리랑카에 있는 아담스 피크에 갔어요. 신성한 신의 발자국이 있다고 전해지는 곳이에요.

❽ 인도의 대사가 된 이븐은 외교 선물로 금은을 싣고 중국으로 가다가 폭풍우를 만나 배가 가라앉았답니다. 다행히 이븐은 해변으로 떠밀려 왔지만 남은 것은 기도할 때 까는 카펫 하나뿐이었어요.

❼ 이븐은 인도의 델리에서 판사로 일하면서 8년 동안 머물렀어요.

❶ 이븐의 원래 여행 목표는 성지 순례를 위해 메카까지 가는 것이었어요.

❷ 이븐은 알렉산드리아의 파로스 등대를 두 번 갔어요. 이 등대는 세계 7대 불가사의 중 하나랍니다.

❸ 알렉산드리아 근처에서 한 성자를 찾아갔어요. 그곳에서 이븐은 큰 새를 타고 동쪽으로 멀리 가는 꿈을 꾸었다고 말했어요. 그러자 성자는 훗날 인도를 여행할 징표라고 말해 주었고, 정말 이븐은 인도까지 가게 되었답니다.

이븐 바투타의 여정

❻ 이븐 일행은 해안을 따라 걷다가 도적 떼의 습격을 받았어요. 물건을 빼앗기고 부상을 입었지만 무사히 델리까지 갈 수 있었답니다.

❺ 이븐은 아프가니스탄 고산 지대에 있는 하왁 패스 길을 따라 걸었어요. 무려 해발 4000미터 높이에 있지요!

❹ 이븐이 알레포를 여행할 당시 무시무시한 흑사병이 돌고 있었는데, 다행히 걸리지 않았어요.

락파 리타 셰르파
Lakpa Rita Sherpa

셰르파 출신의 락파 리타는 21세 때 에베레스트산을 처음 올랐어요. 락파는 세계에서 가장 높은 에베레스트 산을 무려 17번이나 올랐답니다! 또한 7개 대륙의 최고봉들을 모두 오른 최초의 네팔 사람이기도 하지요.

"어려서부터 훈련을 시작하라. 몸이 튼튼하고 정신력도 강해야 하지만, 무엇보다도 인내심을 길러야 한다."

네팔의 셰르파인은 히말라야에 오르는 등반가들의 짐을 들어 주고 길을 안내하는 정말 중요한 존재예요. 히말라야 지역은 자연환경이 매우 험하고 척박하지요. 셰르파인은 다른 지역 사람들보다 더 높은 지대에 살아요. 가파른 산골짜기와 늘 눈이 덮여 있는 산봉우리, 강은 꽁꽁 얼어 있지요. 셰르파인은 강인하여 힘든 일도 척척 해낸답니다.

꿈이 현실로

락파는 셰르파 산악인 텐징 노르게이를 보고 용기를 얻어 등반 안내자가 되었어요. 텐징 노르게이와 에드먼드 힐러리는 세계에서 가장 높은 산인 에베레스트를 최초로 오른 등반가들이지요.

락파에게 텐징은 영웅이었어요. 락파는 학교에서 영어를 공부하며 에베레스트 등반의 꿈을 갖게 되었어요.

마침 삼촌이 락파를 에베레스트 베이스캠프에서 등반가들을 도와주도록 고용했어요. 그때부터 락파는 약 30개의 에베레스트 탐험대와 함께했고, 전 세계에서 손꼽을 수 있는 전문가가 되었답니다.

용기와 기술

락파의 첫 원정은 에베레스트 등반의 행복한 추억으로 기억되었어요. 락파는 매일 미소를 지었어요. 심지어 짐을 지고 산을 오르는 동안 눈사태를 만날 때도 웃음을 잃지 않았죠. 눈사태를 만났던 해 락파는 정상에 오르지 못했지만 등산 기술을 빠르게 익혔어요. 산에서 살아남으려면 용기와 기술이 필요하지요.

정상에 오르다

락파는 21세 때 유고슬라비아에서 온 부부를 안내하며 지구상에서 가장 높은 봉우리에 오른답니다. 인생의 큰 목표를 이루게 된 거죠. 락파는 놀라운 일을 해냈다는 자부심을 느꼈어요. 어느 맑고 화창한 날, 에베레스트 정상에 오른 락파와 유고슬라비아의 부부는 세상 꼭대기에서 승리감과 아름다운 풍경에 취해 30분가량을 보냈답니다. 그때만 해도 락파는 몰랐어요. 이 특별한 곳에 16번이나 더 오르게 된다는 사실을요. 그리고 자신보다 에베레스트에 먼저 오른 사람이 그리 많지 않았다는 사실도요.

알고 있나요?

셰르파인들은 태어난 요일에 따라 이름을 지어요. 락파는 '수요일'이라는 뜻이에요.

월요일: 다와
화요일: 미그마르
수요일: 락파
목요일: 푸르바
금요일: 파상
토요일: 펜바
일요일: 니마

네팔의 타메

락파에게는 6명의 여자 형제와 2명의 남자 형제가 있어요.

아홉 살 락파는 해가 뜨자마자 학교에 갔어요. 걸어서 4시간이나 걸렸답니다!

학교를 마치면 다시 4시간을 걸어서 집에 왔어요. 집에 오면 캄캄한 밤이 되었지요.

어느 날 학교에 특별한 손님들이 찾아왔어요. 바로 락파의 영웅인 텐징 노르게이와 에드먼드 힐러리였답니다!

락파는 세상에서 가장 높은 산에 최초로 오른 사람들의 이야기를 주의 깊게 들었어요. 그리고 그들처럼 되고 싶다는 꿈을 꾸기 시작했지요.

락파는 영웅들의 모습에 몹시 설렜어요. 곧장 영어 공부를 시작했지요. 등반 안내자가 되려면 영어가 꼭 필요했거든요.

드디어 기회가 찾아왔어요! 락파는 삼촌 덕분에 에베레스트 베이스캠프에서 산악인들을 돕게 되었어요.

락파는 학교를 졸업하고 첫 원정을 떠났지요.

락파의 등정

- 에베레스트산 정상: 8850미터
- 4캠프: 8000미터
- 3캠프: 7160미터
- 2캠프: 6400미터
- 1캠프: 5940미터
- 베이스캠프: 5330미터

8000미터보다 높은 곳은 '죽음의 지대'라고 불러요. 높은 고도 때문에 산소가 부족해 산악인들에게 매우 위험하답니다.

모험 장비

- 안전밧줄
- 머리에 착용하는 랜턴
- 고글
- 헬멧
- 얼음도끼
- 얼굴 보호용 마스크
- 산소마스크
- 완전히 갖추어 입은 고지대 등산복
- 카라비너 (암벽 등반 때 로프 연결용 고리)
- 벨트
- 산소통
- 소변통
- 고지대용 부츠
- 아이젠

락파 리타 셰르파가 나의 영웅이 된 이유

서양 사람들이 쓴 에베레스트 등반 책을 보면 원정을 가능하게 한 네팔 현지 안내자의 중요성을 생략한 경우가 있어요.

저는 성공한 에베레스트 등정마다 중요한 도움을 주는 그들을 소개하고 싶었어요.

락파는 여러 차례 놀라운 등반을 경험한 산악인이자 등반 도중 다른 산악인의 목숨을 구해 주거나 산악인들이 정상에 오르도록 도와준 의인이기도 해요.

락파는 모험을 꿈꾸는 사람들에게 좋은 본보기가 된답니다.

넬리 블라이
Nellie Bly

기자로 널리 알려진 넬리 블라이의 원래 이름은 엘리자베스 제인 코크런이에요. 넬리 블라이는 《80일간의 세계 일주》라는 책을 읽고 가슴이 쿵쾅거렸어요. 주인공 필리어스 포그가 친구와 내기를 하고 80일 동안 지구를 한 바퀴 도는 내용이었지요. 기자였던 넬리는 그렇게 짧은 시간 동안 지구를 한 바퀴 도는 것이 가능한지 궁금했어요. 그렇게 모험을 시작한 넬리는 3만 6400킬로미터에 이르는 여정을 성공적으로 마쳤을 뿐 아니라 소설 속 필리어스 포그의 기록을 단축시키기까지 했답니다!

넬리는 《80일간의 세계 일주》를 읽고 소설 속 모험을 실현해 보겠다는 아이디어를 떠올리고 신문사를 찾았어요. 그리고 세상 누구보다도 더 빨리 지구를 돌고 오겠다고 말했어요. 물론 흥미진진한 모험 이야기도 듬뿍 가져오겠다고요.

신문사 편집장은 넬리의 아이디어가 마음에 들었지만 남자들이나 가능한 어려운 도전 같았어요. 하지만 생각을 바꿔 물었어요. "모레 세계 일주를 떠날 수 있겠어요?" 넬리는 대답했어요. "지금 당장 떠날 수 있습니다!"

"그 일을 하고 싶다면, 할 수 있다.
문제는 그 일을 정말 원하냐는 것이다."

여행 가방 하나 달랑

신문사에서는 넬리에게 여행 경비 200파운드를 금화와 지폐로 주었어요.(오늘날 한국 돈으로 환산하면 약 3350만 원 정도예요.) 넬리는 금화를 주머니에 넣고 지폐는 목에 거는 지갑에 넣었어요.

넬리는 작은 여행 가방 하나만 들고 여행을 시작했어요. 옷은 속옷 몇 벌에 특별히 맞춘 푸른색 모직 드레스 한 벌뿐이었어요. 그리고 수면용 가운, 재킷, 신발 한 켤레와 모자 두 개, 베일 세 개, 손수건 몇 장을 꾸려 넣었지요. 컵과 보온병, 바늘과 실, 필기구도 넣었어요. 워낙 짐이 적어 마사지 크림도 챙겼는데 여행용품 중 유일하게 사치스러운 물건이었지요.

배를 타다

넬리는 미국 뉴저지주에서 배를 타고 출발했어요. 그때부터 시간을 맞춰 놓고 소설 속 주인공과 대결을 시작했지요. 처음에는 뱃멀미가 심해서 고생했지만 대서양을 건널 무렵에는 나아졌어요.

그런데 또 다른 신문사에서 사람을 보내 넬리와는 정반대 방향으로 지구를 한 바퀴 돌게 했어요. 결국 넬리는 소설 주인공과 경쟁자 엘리자베스 비스랜드보다도 더 빨리 와야 했지요.

빠듯한 일정이지만 부득이 잠시 돌아가야 했던 적도 있었어요. 《80일간의 세계 일주》 작가 쥘 베른이 넬리의 모험 소식을 듣고 프랑스 자기 집으로 초대했거든요. 넬리는 흔쾌히 응했고 쥘 베른과 멋진 인터뷰도 했답니다. 그러고도 엘리자베스보다 앞서 있었지요.

넬리는 72일 만에 세계 일주를 마치고 당당히 뉴저지로 돌아왔어요. 수많은 사람들이 환영해 주었지요. 당시만 해도 넬리보다 짧은 기간 세계 일주를 한 사람은 없었답니다!

넬리의 여행 가방 속 물건

1. 펜과 잉크
2. 실과 바늘
3. 손수건
4. 슬리퍼
5. 속옷
6. 가방
7. 모자
8. 보온병
9. 치약
10. 마사지 크림

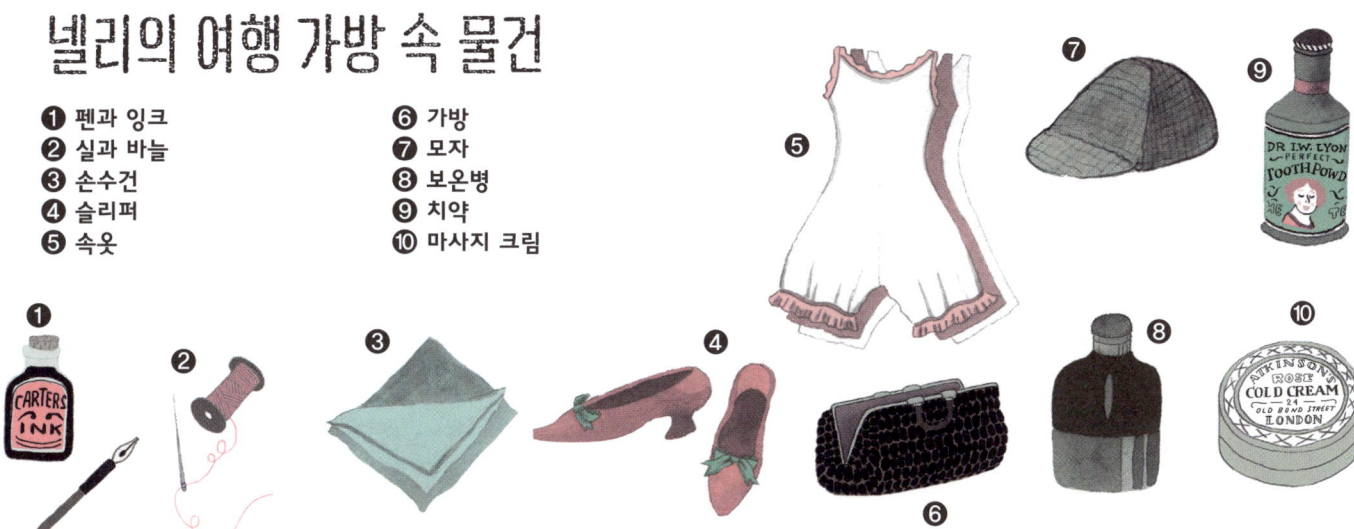

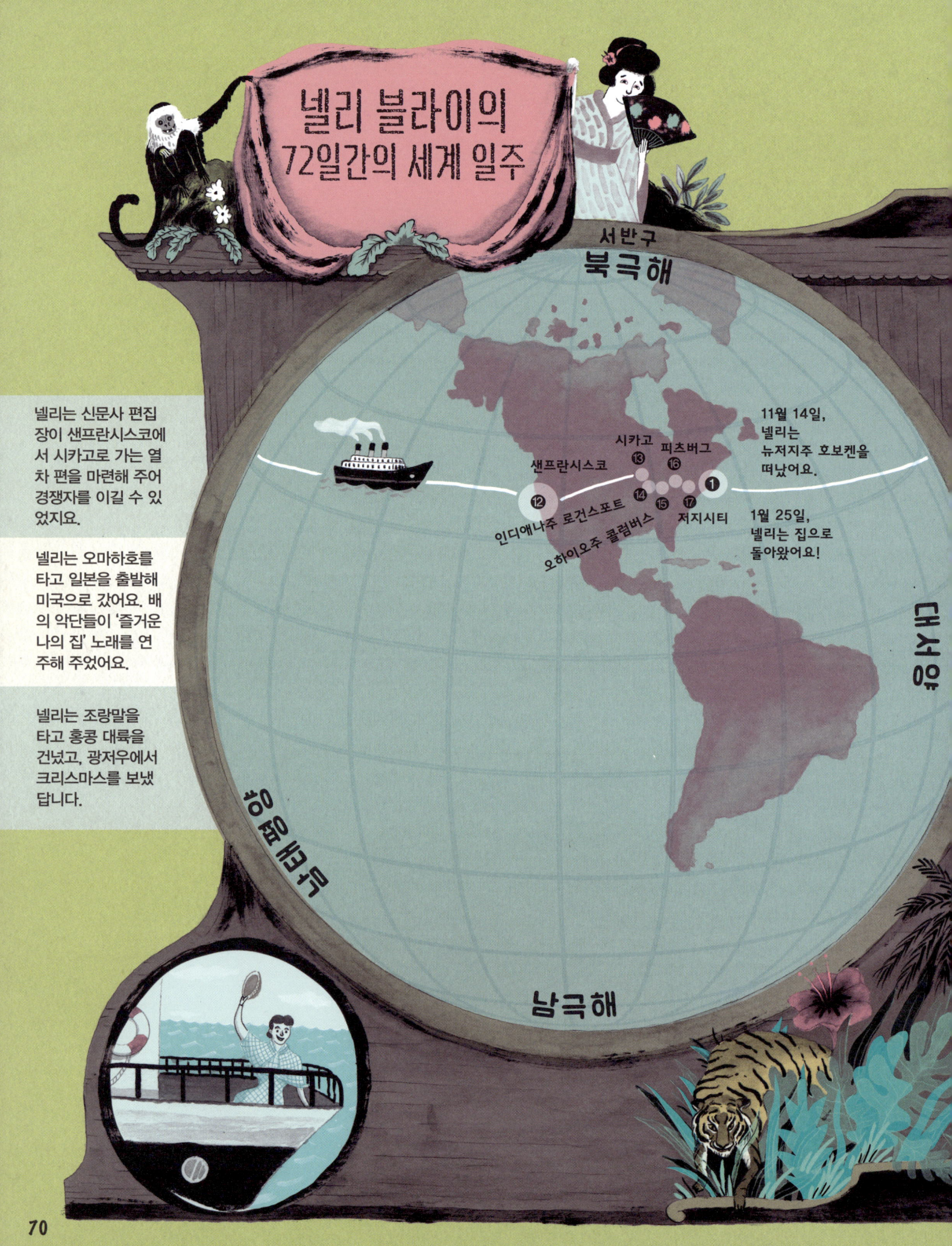

넬리 블라이의 72일간의 세계 일주

넬리는 신문사 편집장이 샌프란시스코에서 시카고로 가는 열차 편을 마련해 주어 경쟁자를 이길 수 있었지요.

넬리는 오마하호를 타고 일본을 출발해 미국으로 갔어요. 배의 악단들이 '즐거운 나의 집' 노래를 연주해 주었어요.

넬리는 조랑말을 타고 홍콩 대륙을 건넜고, 광저우에서 크리스마스를 보냈답니다.

11월 14일, 넬리는 뉴저지주 호보켄을 떠났어요.

1월 25일, 넬리는 집으로 돌아왔어요!

서반구
북극해
남극해
대서양
태평양

⑫ 인디애나주 로건스포트
⑬ 시카고
⑭ 샌프란시스코
⑮ 오하이오주 콜럼버스
⑯ 피츠버그
⑰ 저지시티
①

윌프레드 세시저
Wilfred Thesiger

현대의 가장 위대한 모험가 윌프레드 세시저는 세상에서 가장 험한 곳을 통과했어요. 윌프레드는 최첨단 기술과 복잡한 현대 사회를 몹시 싫어했어요. 문명사회와 멀리 동떨어진, 거친 야생에 있을 때 가장 편안해했지요. 그는 사막 여행과 사막에서 만난 사람들을 무척 좋아했어요. 여행 대부분을 아라비아 사막에서 보냈답니다.

"여정의 종착지가 목표가 아니라, 지나는 과정이 중요하며, 여정이 힘들수록 더욱 가치 있다."

윌프레드의 명성은 아라비아반도의 엠티 쿼터를 두 차례나 횡단한 이후 생겼습니다. 윌프레드는 정부 사업인 메뚜기 이동 경로를 지도로 만들기 위해 낙타를 타고 사막을 건넜어요. 하지만 사실은 자신이 싫어하는 소란한 현대 사회에서 멀리 떨어져 지내려고 여행을 했답니다.

축복받은 사람

여행을 하는 동안 윌프레드는 현지인들의 옷을 입고 맨발로 걸어 다녔어요. 사막을 잘 아는 아랍 현지의 베두인족들과 같은 차림이었죠. 이따금 물과 짐을 나르는 낙타에 탈 때도 있었지만 주로 걸어서 다녔어요. 영어를 하지 못했던 여행 동료 2명은 윌프레드를 '무바락 빈 런던'이라고 불렀어요. 아라비아어로 '런던에서 온 축복받은 사람'이라는 뜻이에요.

목마른 여정

엠티 쿼터에서의 식사는 아주 단순했어요. 약간의 밀가루와 마른 대추, 사냥한 약간의 고기가 전부였죠. 물은 낙타 등에 걸친 염소가죽 물통에 담아 운반했어요. 가죽이다 보니 물이 축축하게 배어 나와서 윌프레드와 동료들은 골치가 아팠어요. 오아시스를 만나 새 물 채우기를 바랐지만 쉽게 발견되지 않았죠. 그래서 주로 사막 모래를 파서 우물을 만들었어요. 그렇게 간신히 소금기 있는 물을 빼냈어요. 정말 목마른 여정이었답니다!

윌프레드 일행은 하루에 겨우 물 500밀리리터로 버티는 날도 많았어요. 일반적으로 사람들은 사막에서 그보다 다섯 배는 더 많은 물을 먹어야 해요. 윌프레드는 더위와 목마름 때문에 힘들게 여행하는 날이 많았답니다.

모래와 별

윌프레드 일행은 거대한 붉은 모래 언덕을 자주 마주쳤어요. 높이가 30미터인데 낙타를 데리고 올라가기가 정말 어려웠답니다. 언덕을 오를 때마다 낙타는 쓰러지거나 비틀거렸지요. 그럴 때마다 귀중한 물주머니가 터지지 않을까 윌프레드는 조마조마했어요.
또 어떤 때는 드넓은 자갈밭을 건너기도 했어요. 끝이 보이지 않는 지평선을 향해 태양열에 뜨겁게 달궈져 반짝이는 자갈밭을 한없이 걸었어요. 윌프레드 일행은 거의 미칠 지경이었죠. 무엇보다도 그들을 가장 힘들게 한 것은 부족 약탈자들이었어요. 한번은 스파이로 몰려 윌프레드가 체포된 적도 있었어요.

달콤한 휴식

윌프레드와 동료들은 밤이 오면 그제야 편하게 쉴 수 있었어요. 사막에서 나무뿌리들을 모아 작은 모닥불을 피우고, 밀가루를 반죽해 숯에 넣고 빵을 구웠지요.
밤하늘의 반짝이는 별빛 아래서 작은 찻잔에 커피를 마시며 두런두런 이야기를 나누었어요. 그러다 각자 침낭에 들어가 딱딱한 바닥에서 잠을 청하였지요.

모험 장비

윌프레드 세시저가 나의 영웅이 된 이유

저는 윌프레드가 다녔던 학교에서 그의 책을 읽으며 공부했어요. 윌프레드는 대학생인 제게 바깥세상을 모험하는 용기를 보여 주었죠. 그의 책 《절대를 찾아서 Arabian Sands》를 읽으며 큰 꿈을 꾸었고 원대한 여정을 그려 보았어요. 윌프레드처럼 불타는 듯 뜨겁고 고요한 엠티 쿼터 사막에서 모험을 하고 싶었어요. 그리고 10년 후, 저는 꿈을 이루었답니다.

나의 일기

엠티 쿼터에서의 여정도 막바지이다. 우리는 마침내 사막을 거의 다 횡단했다. 이 여정이 끝이라는 것이 믿기지 않는다.

때론 덤불숲까지 몇 걸음이 되는지 세어 보기도 하고, 때론 어떤 목표물까지의 걸음 수를 세어 보기도 했다. 하지만 더 빨리 가고 싶다는 생각은 한 번도 없었다. 천천히 다녀야만 보이는 것들이 있다. 덤불숲 아래 메뚜기, 산토끼 발자국, 물결 같은 사막의 모습과 색깔 등. 아마 차로 달리며 보았다면 지루하기 짝이 없는 풍경이었을 것이다.

매우 고된 여정이다. 태양은 매일 뜨겁게 이글거린다. 무릎까지 푹푹 빠지는 고운 모래로 이루어진 거대한 모래언덕을 올라갈 때는 어지럽고 고통스럽다. 거의 매일 목이 탔지만 물은 거의 없었다. 저녁 때 내게 할당된 양의 물을 먹기 전까지는 고통스러운 낮 시간을 보내야 한다.

내 베두인 친구들은 나보다 훨씬 강인하다. 빈 카비나, 빈 가바이샤와 둘도 없는 친구가 되었다. 이들이 없었다면 이 여정은 불가능했을 것이다. 친구들은 이곳 사막에서 태어난 베두인족이기에 고된 삶에 익숙하다. 정해진 양의 물, 모래가 버석버석 씹히는 빵, 눈이 멀 것 같은 눈부신 빛과 뜨거운 태양. 그들은 다른 방식의 삶은 알지 못하므로 이 고된 삶에 순응하고 있다. 그런데도 불구하고 이 거친 땅은 지구상의 그 무엇과도 견줄 수 없을 만큼 매혹적이다.

이 사막에서 나는 사소한 것들의 소중함을 배우고 있다. 마실 수 있는 깨끗한 물, 먹을 음식, 쉴 곳과 단잠 등.

지금 나는 엠티 쿼터를 건너고 있다. 이 여정은 다른 이에게는 의미가 없다. 내가 만든 지도는 오류가 많다. 솔직히 말하자면, 이 지도는 아무도 볼 것 같지 않다. 그렇다면 이 여정에서 중요한 것은 무엇인가? 내가 개인적으로 경험한 것들이다. 비록 그 보답이 깨끗하고 맛없는 물이 될지라도. 나는 그거면 족하다.

이 여행을 영원히 잊지 못할 것이다. 삶의 방식을 바꾸지 않으면 누구도 이런 삶을 살 수 없다. 어디를 가든 내게 이 사막에서의 기억이 함께할 것이다. 나는 '늘 다음 여정을 꿈꾸는' 방랑자이다. 그리고 알고 있다. 이 엠티 쿼터를 언제까지나 갈망하리라는 것을.

윌프레드

오드리 서덜랜드
Audrey Sutherland

오드리 서덜랜드는 20년 동안 여름만 되면 공기주입식 작은 카약을 타고 알래스카의 굴곡진 해안을 탐험했답니다. 오드리는 덩치가 크거나 체력이 좋은 사람이 아니었어요. 하지만 자식들이 모두 어른이 되고 오드리에게 좀 더 시간이 생기자 1만 3000킬로미터에 이르는 모험을 시작했지요.

오드리는 알래스카를 처음 보고 광활한 자연과 아름다운 섬들을 누비고 다니는 상상을 했어요. 오드리가 살던 하와이와는 전혀 다른 세상이었죠. 오드리는 카약으로 알래스카 연안을 여행하는 꿈을 꾸었어요. 그러던 어느 날 거울을 보다가 말했어요. "점점 늙어 가는구나. 지금은 몸으로 부딪치는 일이 좋아. 책상에 앉아서 하는 일은 나중에 하자." 그렇게 오드리는 하던 일을 그만두고 첫 모험을 떠날 계획을 짰어요.

16세가 되기 전에 해야 할 24가지 일

- 400미터는 거뜬히 수영하기
- 남의 집이나 자신의 집에서 설거지하기
- 간단한 요리하기
- 해야 할 일을 찾아보고 실천하기
- 연장과 도구를 잘 사용하고 반드시 제자리에 두기
- 전선 이어 붙이기와 전기 코드 간단한 수리법 익히기
- 자신에게 잘 맞는 직업 5가지에 관한 기본 정보 알아 두기
- 한 달에 한 번은 관심 분야와 관련된 자원봉사하기
- 페인트 붓은 사용한 다음에 깨끗하게 씻어 두기
- 동생이나 아기 기저귀 갈아 주기, 자전거 등 타이어 갈기
- 어른이 하는 말에 관심을 가지고 귀 기울여 듣기
- 숙제와 집안일은 책임감을 가지고 하기
- 다양한 나이의 사람들과 춤추기
- 생선 가시 발라내기와 닭 손질하기
- 응급 처치 5가지 익히기 – 심폐소생술, 지혈, 독 희석하기, 골절 부위 고정시키기, 쇼크에 대응하는 법 알아 두기
- 다양하고 깊이 있는 독서
- 이력서와 자기소개서 쓰기
- 차의 기본 원리를 익히고 간단한 수리하기
- 대중교통으로 새로운 도시 방문하기
- 아르바이트 한 달간 하기
- 지도 보는 법 익히기
- 안전하고 능숙하게 배 노 젓는 법 익히기
- 옷 꿰매기
- 자신의 빨래 직접 하기

"우리는 실수를 해서 후회하는 것이 아니라 시도하지 않은 일 때문에 후회를 한다."

아름다운 풍경

오드리는 몇 년 동안 여행을 통해 아름다운 풍광에 흠뻑 빠졌어요. 늑대며 곰, 연어와 바다표범 등 눈에 보이는 자연의 동물들을 사랑했지요.

고래도 수백 마리 보았는데 한번은 범고래 두 마리와 마주쳐 겁에 질린 적도 있었어요! 어느 날 배를 타고 가는데 검은 지느러미 두 개가 오드리를 향해 점점 다가오는 게 아니겠어요? 오드리는 있는 힘껏 노를 저었어요. 하지만 배가 향하는 곳은 아찔한 낭떠러지였어요. 다행히 범고래들은 오드리의 배를 그냥 지나쳐 갔어요. 처음부터 관심이 없었던 거예요. 오드리는 공연히 겁먹은 자신을 나무랐어요! 여러분도 그런 상황이라면 똑같이 하지 않았을까요?

그때 이후 범고래를 다시 보았을 때는 침착하게 앉아 있었어요. 범고래는 점점 더 오드리의 배로 다가와 바짝 붙었어요. 고래가 만들어 낸 파도로 오드리의 배가 넘실거렸어요. 범고래는 물과 공기를 내뿜으며 빤히 쳐다보더니 사라졌지요! 오드리는 마법에 홀린 듯했어요. 그런 순간을 만나다니 행운이었지요.

1000개의 섬

알래스카의 안쪽 바닷길은 구불구불한 해안선을 따라 알렉산더 제도의 1000개가 넘는 섬들이 있는 연안 항로예요. 이곳은 세상의 한 귀퉁이이자 인생에 길이 남을 모험을 할 수 있는 곳이기도 해요. 본래 모습을 간직한 아름다운 자연, 오랫동안 이어지는 석양과 수많은 완벽한 야영 장소들.
겨울이면 오드리는 집에서 지도를 펼쳐 놓고 알래스카에서의 모험을 그리며 여름을 손꼽아 기다렸답니다. 식량과 장비를 준비하고 온갖 상황에 대처할 다양한 용품도 마련했지요. 모험에서 식량은 아주 중요했어요. 오드리는 야생에서 느긋하게 즐기는 식사를 무척 좋아했거든요. 배 위에서 하루 종일 보낸 뒤에는 야생 나물과 홍합을 구해 마늘과 올리브오일을 넣어 맛있게 요리해 먹었어요. 탐험 중에 먹는 음식은 늘 꿀맛이었답니다! 오드리가 자주 해 먹은 요리법을 알아보아요.

간식거리 준비

재료
- 땅콩버터 500그램짜리 한 병
- 꿀 500그램
- 탈지분유나 전지분유 가루 500그램 (인스턴트 제품은 안 됨)

요리법
준비한 재료를 섞어 반죽한다. 반죽에 땅콩과 건포도 혹은 취향에 따라 잘게 썬 대추야자를 넣는다. 반죽을 두 덩어리로 나눈 다음 두드려 가며 얇고 네모난 모양으로 만든다. 그리고 직사각형이나 정사각형 모양으로 자른다. 각 조각들을 포일에 싼 다음 비닐봉지에 넣어 밀폐한다. 여행 가기 이틀 전에 만들어서 잘라 둔다. 너무 미리 만들면 여행을 떠나기도 전에 다 먹어 치울 수 있다.
매일 두 조각씩 점심으로 먹는다. 여기에 말린 과일과 견과류, 그래놀라 바, 주스나 물 등을 같이 먹으면 힘을 내서 노를 저을 수 있다.

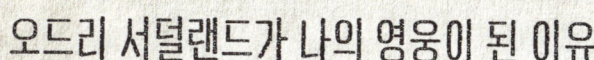

오드리 서덜랜드가 나의 영웅이 된 이유

오드리는 노년에 모험을 시작했어요. 진정한 모험은 나이가 아니라 마음가짐이 중요하다는 사실을 말해 주지요. 오드리는 어떤 상황에서도 늘 최선을 다했어요. 자신에게 솔직했고 변명하지 않았어요. 무엇보다 아름다운 자연을 볼 수 있는 사실에, 자신이 즐긴 모험에, 정성껏 준비한 맛있는 음식에 감사했답니다. 오드리는 훌륭한 스승이에요. 모험에 대한 철학이 한결같았죠. "단순하게, 홀로, 지금 떠나라!"

베네딕트 앨런
Benedict Allen

베네딕트 앨런은 열 살 때 모험가가 되기로 결심했어요. 항공기 성능을 시험하는 조종사였던 아버지의 영향을 받았지요. 베네딕트는 외딴 곳 원주민들과 함께 생활하며 아마존 정글의 가장 넓은 지역을 횡단한 유일한 사람이에요. 베네딕트의 모험은 전 세계로 이어졌답니다.

많은 어린이들이 모험가를 꿈꿔요. 하지만 자라면서 "세상은 이미 다른 모험가들이 다 다녀갔다", "모험보다는 좋은 직장을 구해라" 등의 말들을 듣게 되지요. 하지만 베네딕트의 아버지는 아들에게 이렇게 말했어요.
"세상엔 흥미진진한 곳이 많단다. 모험가의 꿈을 꽉 잡고 놓치지 마라."

악어처럼 강인하게

베네딕트는 북극 툰드라부터 아마존 야생 정글까지 두루 탐험하여 가장 경험이 풍부한 현대의 모험가로 손꼽힌답니다. 베네딕트는 원주민들과 많은 시간을 보냈어요. 원주민들은 베네딕트에게 생존 기술을 가르쳐 주거나, 때론 무서운 환영식을 열어 베네딕트를 맞아 주기도 했어요. 이렇게 원주민들과 가깝게 지내면서 베네딕트는 가장 드넓은 아마존 분지를 횡단했답니다. 7개월에 걸쳐 5800킬로미터를 걸어서 다녔지요.

또 베네딕트는 5개월 동안 말과 낙타를 타고 시베리아에서 출발해 몽골과 고비 사막에 이르기도 했어요.

뿐만 아니라 3개월 동안 낙타들과 함께 남아프리카의 나미브 사막을 건너 스켈레톤코스트까지 가기도 했어요. 베네딕트는 유일한 여행 친구인 개 한 마리와 함께 얼음장 같은 베링 해협을 통과하기도 했지요. 파푸아뉴기니를 모험할 때는 한 부족이 환영식을 열어 주기도 했어요. 유일한 이방인이었던 베네딕트는 그곳의 의식을 치르면서 '악어처럼 강인한 사람'이 되었답니다.

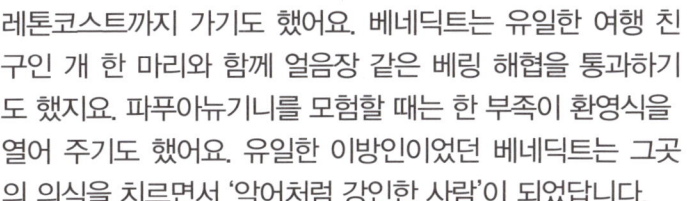

홀로 떠나다

베네딕트는 동료나 도와주는 사람, 휴대 전화 없이 홀로 모험하여 늘 위험이 도사렸답니다. 위험한 상황이 정말 많았지만 운 좋게 살아남았지요. 한번은 가슴에 큰 상처를 입어 부츠 수선용 실과 바늘로 마취도 하지 않고 직접 상처를 꿰맸답니다. 베네딕트는 모험 중 두려울 때가 많다는 사실을 겸손하게 인정하지요.

"내 모험 철학은 간단하다. 물건들은 집에 남겨 두라는 것이다! GPS장치나 휴대 전화, 여행 동료 모두를. 이것들은 유용하지만 내가 탐험하고 싶은 지역이나 환경을 이해하는 데 방해가 된다."

모험 장비

베네딕트는 정글을 모험할 때면 다음과 같은 준비물을 챙겼어요.

❶ 마체테
  (두껍고 질긴 풀을 베는 용도의 칼)
❷ 머스터드나 케첩
  (벌레들을 더 맛있게 먹기 위해!)
❸ 나침반
❹ 해먹
❺ 방수가 되는 천
❻ 호루라기
❼ 철사
❽ 등산화
❾ 고향의 엽서
❿ 방수가 되는 공책과 필기구
⓫ 라이터와 방수가 되는 성냥
⓬ 낚싯바늘

베네딕트 앨런이 내게 꿈을 갖게 해주는 이유

제가 처음으로 읽은 모험책이 라눌프 파인스의 《아슬아슬한 인생 Living Dangerously》과 베네딕트 앨런의 《정신 나간 백인 거인 Mad White Giant》이에요. 곧바로 두 사람은 제 영웅이 되었지요. 모험을 처음 시작했을 때, 일이 꼬이거나 풀리지 않으면 저 스스로 묻곤 했어요. "베네딕트라면 어떻게 했을까?" 베네딕트는 부족의 문신을 새기고, 사막과 정글과 북극을 모험한 멋진 사람이죠. 그의 삶은 모험으로 가득 차 있어요. 정말 닮고 싶은 모험가랍니다!

새커거위아
Sacagawea

북아메리카 원주민 여성 새커거위아는 지형과 길에 대한 정보로 루이스와 클라크가 이끄는 유명한 원정대를 도와주었어요. 7000킬로미터에 달하는 대장정을 함께했지요. 새커거위아와 탐험대는 걷기도 하고 카누나 말을 타고 가기도 했어요. 나무가 우거진 숲이나 세찬 급류의 강, 가파른 산 등을 만나면 탐험대는 쩔쩔맸지요. 그럴 때 새커거위아가 지형의 특징을 파악해 탐험대를 잘 이끌었어요. 놀라운 점은 새커거위아의 나이가 겨우 16세였고 아기가 있어서 여정 내내 등에 업고 다녔답니다.

임신한 새커거위아는 루이스와 클라크를 만났어요.

새커거위아는 아기가 있었어요.

탐험대의 배가 뒤집히자 새커거위아는 중요한 서류들을 건졌어요.

새커거위아는 로키산맥을 지나는 데 필요한 말 구입에 도움을 주었어요.

새커거위아는 오래전 헤어진 오빠를 만났는데, 부족의 우두머리가 되어 있었지요.

루이스 클라크 탐험대와 함께한 새커거위아의 여정

지도 기호
- 탐험 경로
- 강
- 원주민 지역
- 오늘날 미국의 주

클랫솝 요새, 블랙풋, 맨던, 맨단 요새, 서 쇼쇼니, 크로우, 수, 동 쇼쇼니, 오마하, 세인트 찰스, 캠프우드, 세인트 루이스

새커거위아는 미국 로키산맥 인근의 새먼강 지역에서 자랐어요. 레미 쇼쇼니족 출신의 원주민이었지요.

새로운 땅

이제 막 영토를 넓히기 시작한 젊은 국가 미국이 프랑스로부터 어마하게 넓은 땅을 사들였어요. 면적이 영국의 9배에 달할 정도였지요! 미국 영토는 이전보다 2배나 커졌어요. 하지만 새로운 영토의 탐험이 이루어지지 않았지요. 미국 정부는 메리웨더 루이스와 윌리엄 클라크에게 미지의 세계를 탐험하게 했어요. 유명한 '루이스 클라크 탐험대'가 꾸려진 거지요. 탐험대는 원정길에서 새커거위아를 만났어요. 새커거위아에게 아기가 있었는데, 아기를 등에 업고 탐험대와 함께 1년 이상 새로운 아메리카 대륙을 탐험했답니다.

꼭 필요한 생존 기술

새커거위아는 각종 식물에 대한 지식뿐 아니라 지리적 특징이나 지역 정보에도 대단히 밝았어요. 탐험대에 사냥하기 좋은 곳과 유용한 식물, 외진 곳에서 식량 구하는 방법 등을 알려 주었지요. 새커거위아는 탐험대에서 유일한 원주민이자 유일한 여성이었고, 유일한 어머니이자 유일한 십대였답니다. 몹시 외로웠을 수도 있는 여정에서 담대하고 씩씩하게 주어진 일을 잘 해냈지요.

침착하게 하던 일을 계속하라

탐험에는 위험이 따른답니다. 탐험대의 배가 미주리강에서 뒤집어지면서 아찔한 상황에 처했어요. 하지만 새커거위아는 침착했어요. 중요한 문서와 도구, 책, 의료품 등을 건졌지요. 하마터면 잃어버릴 뻔한 귀중한 물건들이었답니다. 루이스와 클라크는 용기 있는 행동에 대한 보답으로 그 강에 새커거위아의 이름을 붙여 주었어요. 오늘날에도 새커거위아강은 흐르고 있지요.

"새커거위아는 마치 조종사처럼 갈 길을 알려 주며 큰 도움을 주었다."

윌리엄 클라크

모험 장비

루이스 클라크 탐험대는 어마어마하게 많은 장비를 가지고 다녔답니다. 야생에서 이동할 때 사용할 장비와 길 안내 도구, 방어용 무기, 사냥과 낚시 도구는 물론 잘 때 필요한 것들과 의료용품도 필요했지요. 또한 원주민들에게 줄 선물도 가져가야 했어요. 바늘, 가위, 빗, 실크, 구슬과 거울 등이랍니다.

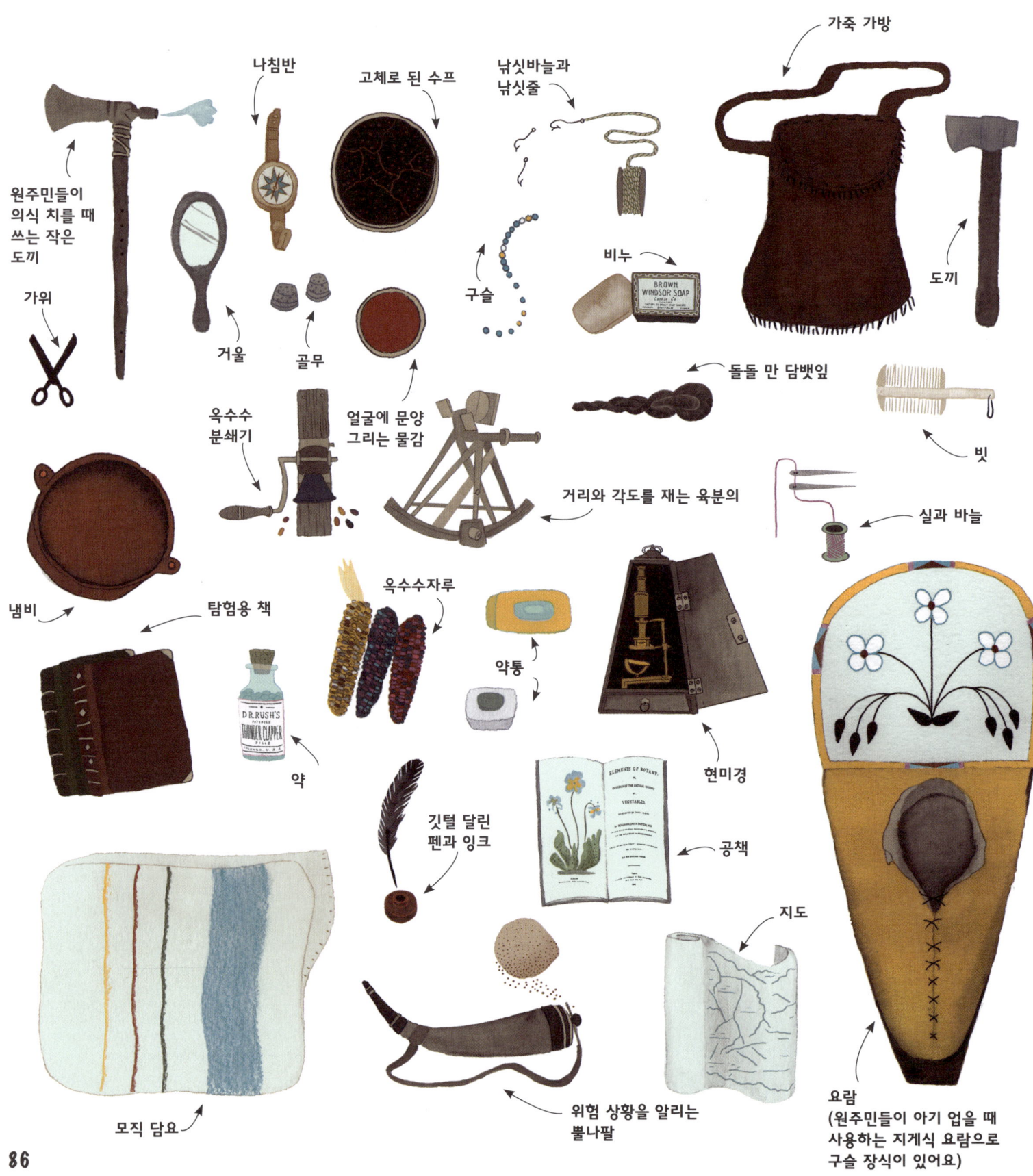

원주민들이 즐겨 먹는 소고기 스튜

재료
- 깍둑썰기 한 버팔로 고기나 소고기 1킬로그램
- 버터 50그램
- 잘게 다진 햄 50그램
- 다진 마늘 2작은술
- 월계수 잎 1장
- 잘게 썬 양파 1개
- 얇게 썬 당근 2개
- 비프스톡 800밀리리터
- 밀가루 30그램
- 잘게 썬 신선한 파슬리 2큰술
- 타임 2분의 1 작은술
- 소금과 후추 약간

요리법
1. 팬을 달군 다음 버터에 깍둑썰기 한 소고기를 넣고 갈색이 될 때까지 굽는다. 햄과 마늘을 넣는다.
2. 월계수 잎, 양파, 당근, 비프스톡을 넣고 재료가 부드러워질 때까지 끓인다.
3. 재료가 끓으면 불을 낮추고 한 시간 정도 약한 불에 뭉근하게 끓인다.
4. 밀가루를 넣고 스튜가 되직해질 때까지 젓는다.
5. 파슬리, 타임, 버터를 넣고 잘 저어 준다.
6. 불을 끈 다음 소금과 후추로 간을 해서 그릇에 담는다.

새커거위아가 나의 영웅이 된 이유

탐험가들은 새로운 세계를 개척하겠다고 호언장담했지만 그들이 찾은 곳은 원주민들이 수백 년을 평화롭게 살아오던 지역이 많았어요. 새커거위아는 전문 탐험가가 아니었어요. 그저 십대 소녀이자 어린 엄마였지요. 하지만 새커거위아가 속한 쇼쇼니 부족은 자신들이 살던 땅에 대해 뛰어난 지식과 지혜를 지녔어요. 새커거위아는 용감하고 슬기로웠으며 탐험대에서 중요한 역할을 했답니다.

토르 헤위에르달
Thor Heyerdahl

토르 헤위에르달은 항해 경험이 없고 수영도 할 줄 몰랐지만, 어느 날 아주 쉽게 결심을 했어요. 토르는 고대인들이 항해술 발명 이전에도 기나긴 항해를 했으며 남아메리카에서 배를 타고 온 사람들이 남태평양의 섬에 정착했을지도 모른다고 생각했어요. 하지만 전문가들은 이런 토르의 주장을 받아들이지 않았지요. 토르는 전문가들의 생각이 틀렸다는 것을 증명하기 위해 태평양을 직접 횡단하기로 결심했어요.

콘티키호 탐험대

모험 장비

1. 감자
2. 코코넛
3. 조롱박
4. 마체테
5. 대나무(물 보관용)
6. 버너
7. 육분의
8. 작살
9. 말하는 스페인 앵무새

토르가 탄 뗏목 콘티키호는 페루에서 출항하여 태평양을 건너 섬들이 많이 모여 있는 폴리네시아로 갔어요. 선장 토르는 잉카 제국의 태양신 이름을 따서 뗏목 이름을 '콘티키호'라고 지었어요. 토르와 일행은 손으로 만든 이 뗏목을 타고 바다를 101일 동안 항해했답니다.

고대 방식의 뗏목

토르는 남아메리카 사람들이 항해를 해서 폴리네시아에 정착했을지도 모른다고 생각했어요. 당시엔 그렇게 생각하는 사람이 아무도 없었지요. 토르는 오직 고대 원주민들이 사용했던 재료만으로 뗏목을 만들었어요. 커다란 발사 통나무, 천연 마로 엮은 밧줄, 바나나 잎으로 만든 선실 그늘막 등이에요. 선원들은 기후와 해양 정보를 파악하기 위해 과학 장비도 챙겼어요. 또한 비상 상황을 대비해 무선 송신기도 가져갔지요. 하지만 거의 도움이 되지 않았어요. 수신이 가능한 곳과 너무 멀리 떨어져 신호가 잡히지 않았거든요.

불시착

콘티키호 탐험대는 망망대해에서 거의 7000킬로미터를 항해한 후 투아모투 제도 인근의 암초에 부딪혔어요. 뗏목은 성공적으로 육지에 닿았고 선원 모두가 무사히 도착했답니다! 토르는 마침내 자신의 주장을 증명했지요!

"경계선? 나는 단 한 번도 본 적이 없다. 하지만 어떤 사람들의 마음속에는 존재할지도 모른다."

뗏목 바닥에 해초와 조개들이 달라붙어서 그걸 먹으려고 모여든 정어리와 참치, 돌고래들에게 공격을 받았지요.

매일 아침이면 선원들은 밤새 뗏목으로 날아든 날치들을 주워 요리를 했어요.

어떤 날은 10미터도 넘는 고래상어가 뗏목 주변을 한 시간도 넘게 빙빙 돌다가 가 버렸어요.

93일째 되던 날, 야자나무를 발견했어요.

육지다!

일주일 이상 항해하고 동틀 무렵, 야자나무를 발견해 그곳으로 갔어요.

하지만 해류 때문에 뗏목이 바다에 갇히고 말았어요.

표류하던 뗏목은 암초에 부딪치고 말았어요. 부서진 뗏목 위로 파도가 밀어닥쳤지요. 하지만 그들은 무사히 육지에 닿았어요.

해냈어! 모두에게 우리가 옳았다는 걸 증명할 수 있어!

토르 헤위에르달이 나의 영웅이 된 이유

콘티키호 이야기를 할 수 있어서 너무 다행이에요. 모두 토르가 미쳤다고 했지요. 제가 처음 모험을 구상할 때, 많은 사람들이 불가능하다고 말했어요. 흥미진진한 일들을 시도해 보지도 못한 사람들이 짜릿하고 흥미진진한 일들을 하지 말라고 강요한 거예요. 그 사람들 때문에 멈추지 마세요. 자신만의 모험을 떠나 보세요!

미래의 위대한 모험가는 누구일까요?

제가 소개한 모험가들이 여러분에게 멋진 영감을 주었으면 좋겠어요. 새로운 것을 배우고 새로운 곳을 가고 자신의 한계에 도전할 때 여러분에게 용기가 되었으면 해요.
어른이 되어 여러분만의 모험을 떠나고 싶나요? 어디를 가고 싶고 어떤 것들을 이루고 싶은지, 어떻게 여행하고 필요한 게 무엇인지를 지금 생각해 보는 건 어떨까요?
한 가지는 꼭 명심하세요. 동네 공원으로 떠나는 간단한 모험이라도 늘 어른과 상의해야 해요.
이 장은 여러분을 위한 거예요. 여러분이 미래의 위대한 모험가가 되지 않을래요?

어디를 갈까요?

- ☐ 바닷속 가장 깊은 곳
- ☐ 지구상에서 가장 더운 곳
- ☐ 달
- ☐ 열대 지역의 섬
- ☐ 지구상에서 가장 추운 곳
- ☐ 어디든!

누구와 갈까요?

- ☐ 친구
- ☐ 낙타
- ☐ 홀로!
- ☐ 앵무새
- ☐ 개

무엇이 필요할까요?

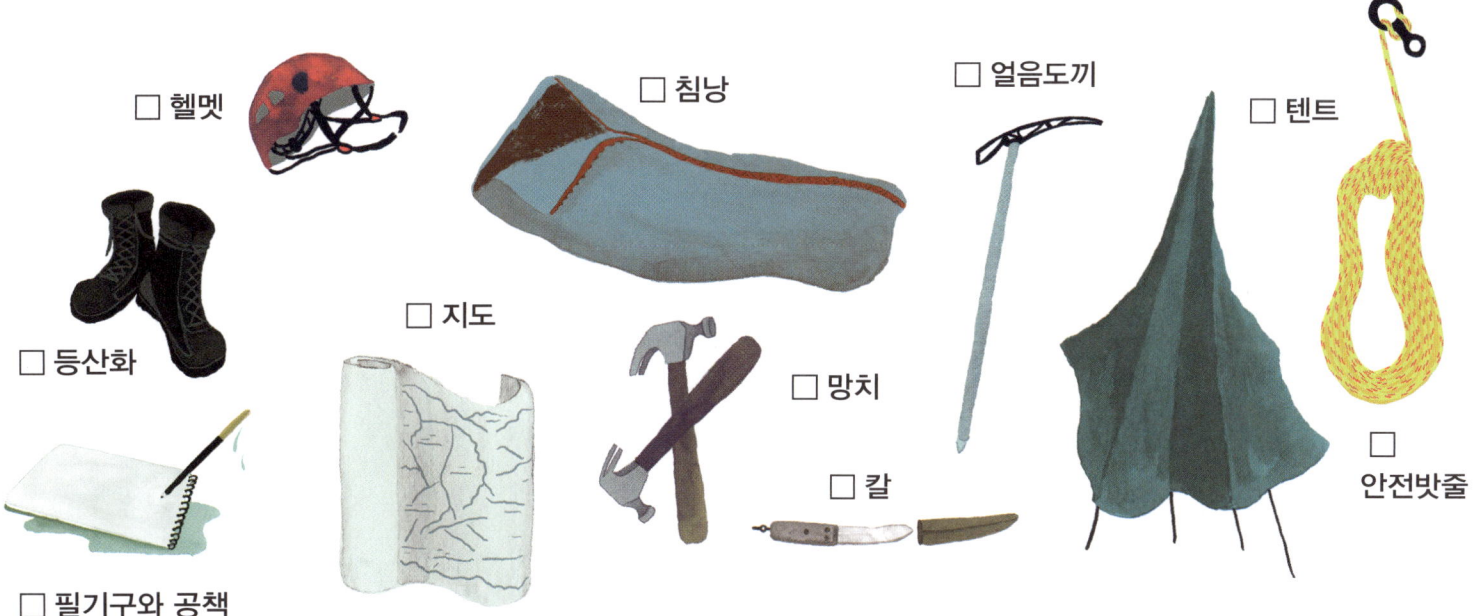

□ 헬멧
□ 침낭
□ 얼음도끼
□ 텐트
□ 등산화
□ 지도
□ 망치
□ 안전밧줄
□ 필기구와 공책
□ 칼

어떻게 갈까요?

□ 속도가 빠른 보트
□ 스노모빌
□ 걸어서
□ 비행기
□ 4륜구동 자동차
□ 스키
□ 자전거

여러분에게 영감을 주는 또 다른 모험가는 누구인가요?

마크 폴락
시각 장애인으로는 최초로 남극 마라톤에 참가.

힐러리와 텐징
지구에서 가장 높은 에베레스트 정상에 최초로 오름.

어니스트 섀클턴
세 번이나 남극을 탐험함.

프레야 스타크
중동을 탐험한 영국계 이탈리아 탐험가.

토머스 스티븐스
앞바퀴는 아주 크고 뒷바퀴는 아주 작은 옛날 자전거 페니파딩을 타고 최초로 전 세계를 일주.

헬렌 샤먼
국제우주정거장에 간 최초의 여성 우주인.

마르코 폴로
인류 역사상 가장 유명한 이탈리아의 여행가.

니뇨 형제
아프리카 출신의 4형제로 크리스토퍼 콜럼버스와 함께 수많은 여정을 같이함.